国家社科基金项目"语言类型学视角下的英汉语序比较"(11BYY017)成果
广州大学(2015年)高层次人才引进项目"英汉语法/语序比较研究"
(XJG2-2001)成果

语言类型学视角下的英汉语序比较
English-Chinese Word Order:
A Typological Approach

席建国 著

图书在版编目(CIP)数据

语言类型学视角下的英汉语序比较/席建国著. —北京：北京大学出版社，2016.2
（语言学论丛）
ISBN 978-7-301-26832-2

Ⅰ.①语… Ⅱ.①席… Ⅲ.①英语—词序—对比研究—汉语 Ⅳ.①H314.3 ②H146.3

中国版本图书馆 CIP 数据核字（2016）第 025110 号

书　　名	语言类型学视角下的英汉语序比较
著作责任者	席建国　著
组稿编辑	黄瑞明
责任编辑	刘　虹
标准书号	ISBN 978-7-301-26832-2
出版发行	北京大学出版社
地　　址	北京市海淀区成府路 205 号　100871
网　　址	http://www.pup.cn　新浪微博：@北京大学出版社
电子信箱	zyjy@pup.cn
电　　话	邮购部 62752015　发行部 62750672　编辑部 6275438
印刷者	三河市博文印刷有限公司
经销者	新华书店
	650 毫米×980 毫米　16 开本　11.5 印张　300 千字
	2016 年 2 月第 1 版　2016 年 2 月第 1 次印刷
定　　价	39.00 元

未经许可，不得以任何方式复制或抄袭本书之部分或全部内容。
版权所有，侵权必究
举报电话：010-62752024　电子信箱：fd@pup.pku.edu.cn
图书如有印装质量问题，请与出版部联系，电话：010-62756370

前 言

　　语言类型学是根据语言的语序类型对语言进行分类的学科。语言类型学主要研究跨语言之间的语序类型特征、语序倾向性及其动因。一种语言的基本语序由其 S、O、V 三个核心参项的语序来体现。这三个核心参项的语序影响并制约着一种语言的整体语法面貌。除了通过核心参项,还可以通过一些非核心参项(如介词、限定词、领有词、关系从句以及状语)的语序来描写一种语言的语序特征,并以此观察它们的语序组配与该语言"动-宾"(VO)结构之间的语序和谐程度。语言类型学的研究路径可以概括为:分类(classification)、归纳(generalization)和解释(explanation)。语言类型学的共性原则建立于蕴含关系基础之上。蕴涵关系本质上反映的是功能优势,即在其他条件相同的情况下,功能上(需要程度、自然程度和处理方便程度等)劣势形式的存在蕴涵着功能上优势的形式也存在。

　　本研究以标记理论(Markedness Theory/MT)、可别度领前原则(ILP)、语序和谐原则(PWOH)为框架,考察和解释英汉语言的一些常规参项的语序异同及其动因。具体包括以下六章内容,第一章:语言类型学的理论框架。第二章:语言类型学的基本概念和原理。第三章:英汉句子基本语序的特征、典型性程度差别及其动因。第四章:英汉定中结构的语序异同、动因及关系化策略。第五章:英汉连词与介词的类型-语序相关性。第六章:英汉特殊句式的语序、标记度强弱及其动因。

　　本研究的主要观点和结论归纳如下:1) 一种语言中,S、O、V 三个核心参项的语序越明确、结构化程度越高,该语言的类型学特征就越纯洁,语序变异、例外现象就越少。2) 任何一种语言都有基本语序和非基本语序之别。基本语序是指原生性、无标记语序,制约并影响着一种语言中的非基本语序。非基本语序与基本语序之间往往存在语序和谐关系。基本语序满足的语序原则和句法条件远高于优势语序。前者的语法等级关系远高于后者。优势语序与和谐关系之间存在根本性矛盾,主要是因为,优势语序总是不对称的,具有倾向性,多涉及语用因素。而语序和谐总是对称性的,多涉及语义因素。无标记语序与有标记语序的关系是,无标记语序总是能够出现,而与之相反的带标记语序,只有在与其相和谐的语序也出现的情况下,才能出现。蕴含共性的本质是劣势形式的存在蕴涵着优势形式的存在。不受任何语序原则制约的句子结构,其合法性程度最低。违背语序/认知/语用原则越多的句子,其句法标记度越高,劣势程度也越大。3) 英汉语言中,一个名词性成分倾向于作主语还是作宾语,与其施事性或主题性程度高低之间成正比关系。一个名词的语义角色等级与其可及性等级之间存在正相关性。一个名词的生命度等级与语义角色等级之间存在对应关系。英汉语言对受事、工具、对象等成分作句子主语的容忍度不同:汉语远高于英语。介引英汉句子的名词具有的主语原型特征多寡不同,英语在这方面的要求远高于汉语。英语中,"主语-谓语-宾语"语序与"施事-动作-受事"语义框架之间往往是重叠关系,造成英语中 SVO 语序的结构化程度很高。汉语中,SVO 结构属于相对优势语序,而不是绝对优势语序,"主语-谓语-宾语"语序与"施事-动作-受事"语义框架之间许多时候是分离性的。这些特征致使汉语中 SVO 语序表现出比较灵活、结构化程度不高的特征。英汉语言中,体现"施事-动作-受事"事件框架的句子其结构化程度高于体现"主语-谓语-宾语"语法关系的句子。强行为性"动-宾"搭配关系的句法制约功能强于弱行为性"动-宾"搭配关系的句法制约功能。4) 靠语序关系体现语法功能的语言,语序自由度高;靠形态标志体现语法功能的语言,语序自由度低。英语中,Det+N 限定和 N_1+of+N_2 限定不影响整个名词性短语的句法-语义功能,表现出"前少后多"特质;而且松紧度也不同,表现出"前松后紧"特质。汉语中,限定成分不存在类似英语那样的语序左右不对称现象,但限定语也表现出"前松后紧"特质。汉语中,限定标识表现出"长多短少"现象。汉语多重定中结构内部不同成分之间具有一定程度的语序自由度,英语语言相对非常稳固。英语是一种在可及性等级上对几乎所有名词性成分均可进行关系化处理的语言。汉语中,关外式和关内式关系化策略往往并存使用。汉语的关系化操作表现出"重主轻宾"特点,而非以往学界所说的"重宾轻主",这种关系化操作策略有其动因。5) 英语中,一个连-介兼类词的语序自由度与其 $S_主+X_连+S_从$ 的语序倾向性强弱之间成反比关系。汉语中,连-介兼类词以 $SX_{连/介}V(O)$、$X_{连/介}SV(O)$ 语序为优势、无标记语序。这与英语中连-介兼类词的语序倾向性,正好相反。汉语中,连-介兼类词的连词用法和介词用法在语序倾向性、句法标记度和语序自由度方面也表现出高度的对应关系。英语中,连词的 $SV(O)X_连$ 语序格局与其 SVO 型基本语序之间是和谐关系,且规约化程度非常高。连词在 $SV(O)X_连$ 语序格局中表达的联系项居中功能普遍弱于介词在 $SV(O)X_介$ 语序格局中表达的联系项功能,主要与它们的语序标识模式不同有关。连词的 $SV(O)X_连$ 语序格局表达的联系项功能属于逻辑或语篇层面的关系,不属于核心标识模式,其联系项功能远弱于介词的"动-介"核心标识模式(HMM)。汉语中,连词以 $X_连\ S_从+S_主$ 语序和 $S_从\ X_连+S_主$ 语序为优势、无标记语序,是多种因素共同作用的结果:其中,$X_连\ S_从+S_主$ 语序是语用-语篇功能表达制约的结果或语序相似性原则制约的结果,而 $S_从\ X_连+S_主$ 语序是焦点信息突显原则制约的结果。6) 英语主要受其 SVO 型基本语序和主语突显型语法特征的影响,特殊句式的种类较少。汉语主要受主题突显型语法特征的影响,特殊句式的种类较多。英语中,绝大多数动词都不具有双向性,致使英语的作格化程度很低。汉语中,谓语动词不使用任何标识来区别其与施事和受事成分位于主语位置之间的匹配异同,致使大量动词弱化行为性和方向性。英汉作格句中,主语与谓语之间的句法和语义制约关系越弱,其作格化程度越高;反之,越低。英汉语言中,一个动词的存现义典型性程度与一个句子的存现化程度之间成正比关系,与其句法标记度之间成反比关系。

英汉语言的语序类型、语序倾向性及其动因比较研究,是一个非常宏大的系统性课题。本书只涉略了其中部分内容,还有一些相关议题留待后续探究。本书虽已完稿,其中难免存在一些疏漏和谬误,还望学界专家、同仁批评指正。作者对本书所参阅的国内外语言学家、学仁的前期相关研究成果,深表感谢。

本书是国家社会科学基金项目"语言类型学视角下的英汉语序比较"(11BYY017)和广州大学(2015年)高层次人才引进项目"英汉语法/语序比较研究"(XJG2-2001)的研究成果,对于两项基金的资助,深表感谢。

席建国

2016年春于广州麓湖公园

目 录

第一章 语言类型学概览 …………………………………… (1)
  1.0 引言 ………………………………………………… (1)
  1.1 语言类型学的现状 ………………………………… (1)
  1.2 语言类型学的定义 ………………………………… (2)
  1.3 语言类型学的分类方法 …………………………… (2)
  1.4 语言类型学的学科特点 …………………………… (3)
  1.5 语言类型学与比较语言学的殊相 ………………… (3)
  1.6 现代语言类型学的缘起 …………………………… (4)
  1.7 语言类型学的研究范式 …………………………… (5)
  1.8 语言类型学的宗旨 ………………………………… (5)
  1.9 人类语言的语序类型格局 ………………………… (6)
  1.10 结语 ……………………………………………… (6)

第二章 语言类型学的基本概念和原理 …………………… (7)
  2.0 引言 ………………………………………………… (7)
  2.1 人类语言的基本语序及其特征以及与相关语序的关系 … (7)
  2.2 蕴含共性与非蕴含共性之殊相 …………………… (21)
  2.3 SVO、SOV、VSO 型语言的参项组配关系 ……… (25)
  2.4 重度顺序原则(HSP)及其局限性 ………………… (28)
  2.5 结语 ………………………………………………… (31)

第三章 英汉句子基本语序的特征、典型性程度差别及其动因 …… (33)
  3.0 引言 ………………………………………………… (33)
  3.1 SOV-SVO-VSO 型语言的语序格局及其蕴含关系 … (33)
  3.2 英汉语言核心参项的语序格局及其动因 ………… (39)
  3.3 英汉"主-宾"语序不对称的动因 ………………… (43)
  3.4 英汉句子主语的典型性程度比较 ………………… (46)
  3.5 英汉句子"主-谓-宾"之结构化程度差别及其动因 … (53)
  3.6 结语 ………………………………………………… (56)

第四章 英汉定中关系之语序、标识模式及关系化策略异同 …(58)
  4.0 引言 …(58)
  4.1 英汉定中关系之语序特征 …(58)
  4.2 英汉定中关系之标识模式 …(60)
  4.3 英汉多重限定关系之语序异同及其结构化程度差别 …(80)
  4.4 英汉限定语序的不对称性对其形态标志和
     语序自由度的影响 …(86)
  4.5 语言类型学格局中的英汉限定语语序关系 …(89)
  4.6 英汉限定语的语法层次关系 …(90)
  4.7 英汉名词的可及性等级关系异同 …(93)
  4.8 结语 …(103)

第五章 英汉连词与介词的类型-语序相关性及其动因 …(105)
  5.0 引言 …(105)
  5.1 连词与介词的形态类型-语序相关性 …(105)
  5.2 英汉两种语言中连词与介词的语序
     相关性程度及其动因 …(106)
  5.3 英汉连-介兼类词的语序倾向性及其
     语序自由度考察 …(112)
  5.4 英汉连词的语序倾向性差别及其动因解释 …(122)
  5.5 结语 …(128)

第六章 英汉特殊句式的语序、标记度强弱及其动因 …(130)
  6.0 引言 …(130)
  6.1 人类语言的基本语法关系 …(130)
  6.2 人类语言的形态格分布规律 …(133)
  6.3 人类语言的格标识语义角色图 …(134)
  6.4 特殊句式与基本语序的关系及其动因 …(135)
  6.5 VO-OV 型语言的述谓语序 …(139)
  6.6 英汉语言的作格化程度及概念化方式异同 …(141)
  6.7 英汉存现句的语序标记度异同、原因及其解释 …(153)
  6.8 结语 …(163)

英汉术语对照表 …(167)

参考文献 …(169)

第一章 语言类型学概览

1.0 引言

现代语言类型学是由美国语言类型学家 Greenberg(1966)、Comrie(1989)以及 Croft(1990/2003)的研究及其理论确立的。语言类型学已经成为当今语言学领域的一门重要分支学科。该学科注重跨语言的语序共性、规律及其动因解释。一种语言的语序类型是由其主语(S)、谓语(V)和宾语(O)三个核心参项的组配方式决定的,被称为基本语序。一种语言的基本语序影响和制约着该语言的语法系统和概念化方式。

本章主要讨论以下议题:语言类型学的现状(1.1 节);语言类型学的定义(1.2 节);语言类型学的分类方法(1.3 节);语言类型学的学科特点(1.4 节);语言类型学与比较语言学的殊相(1.5 节);现代语言类型学的缘起(1.6 节);语言类型学的研究范式(1.7 节);语言类型学的宗旨(1.8 节);人类语言的语序类型格局(1.9 节)。

1.1 语言类型学的现状

语言学领域中,类型学专指语言类型学(Linguistic Typology)。现代语言类型学是在 Greenberg(1966)的语言类型学讨论式研究工作基础上创立并蓬勃发展起来的。尽管历史不久,但是已经成为语言学领域中的一门重要分支学科。语言类型学具有自身独立的术语、概念、理论/原则、研究方法、研究目标、学术群体、专业期刊和国际性学会等。目前,国内外已有大量语言类型学方面的研究成果问世,其中就包括跨汉语及其诸方言的类型学特征研究成果。比较近期的具有代表性的成果如,*The Oxford Handbook of Linguistic Typology*(Jae Jung Song 2011/2013)以及《语言库藏类型学构想》(刘丹青 2011)。

1.2 语言类型学的定义

目前,学界关于语言类型学比较有权威性的定义概括如下:

1) 语言类型学是指在比较语言学中,根据语音、词汇和语法特征,而不是根据其历史发展所作的语言类型分类(Hartmann & Stork 1972)。

2) 语言类型学是根据语言的内部结构异同对语言进行分类的学科(Dressler 1981)。

3) 语言类型学是指对语言进行类型划分的学科(Richards & Weber 1985)。

4) 语言类型学是根据一种语言的最典型的句法结构特征进行分类的学科(Longman Dictionary of Applied Linguistics 1985:300)。

5) 语言类型学是研究人类语言结构变化的范围及其变化限制条件的学科(Comrie,Matthews & Maria 2003)。

6) 语言类型学是一门通过跨语言,对语言现象进行描述和解释的语言学分支学科,具体考察语言形式的一致性和多元性或语言形式、意义和功能之间的关系(Auwera & Nuyts 2007)。

7) 语言类型学是指依据跨语言的共同形式特征对其进行分类的学科(Whaley 1997:7)。

综合以上定义,我们认为,语言类型学的特征可以概括为:1) 跨语言性。2) 根据语序对语言进行类型分类。3) 不涉及语言的历时发展,只关照共时条件下的语序类型。4) 强调语序共性规律。

1.3 语言类型学的分类方法

语言类型学主要依据跨语言样本调查,根据一种语言主(S)、谓(V)、宾(O)三个核心参项的语序模型对其进行类型划分,确立其基本语序特征。具体见下面详细说明:

1) 对人类语言进行类型学意义上的分类。即根据跨语言对比,找出符合6种(SOV、SVO、VSO、VOS、OVS、OSV)语序类型而进行的分类。这种分类是建立在 S、V、O 三个核心参项的语序模型基础之上的。即通过语言的类型学特征来构建自然语言的语序特征研究范式。从方法论和认识论上,就注定了语言类型学研究必定涉及跨语言的类型特征、语序结构及其规律的描述、分析和解释。这也是语言类型学与其他语言学分支学科的根本区别,也是其具有语言学分支学科独立、专门地位的标志,因而属于真正意义上的类型学分类。

2) 语言类型学的分类不同于历史语言学根据语言的种属、语族进行的类型划分。后者主要根据诸语言之间的亲缘关系对其进行语族划分或语族分类。这种分类具有明显的生理学特征。具体来说,通过寻找不同语言之间在音系、形态、句法等方面的共同点,对其进行亲缘关系划分。语言类型学的分类带有逻辑学的学科特点,如先设定一定数量的参项,对不同语言的语序类型和结构特征进行抽象和比照,把具有相同语序类型特征的语言进行归类处理。这种根据 S、V、O 核心参项的语序类型特征的典型性程度进行的语言类型划分带有显著的逻辑学研究范式,确保了语言类型学的分类不会涉及语言之间的地缘、亲缘等生理学基因要素。

3) 语言类型学是从跨语言(cross-linguistic)角度,根据语言的语序类型特征对不同语言进行的类型划分。

1.4 语言类型学的学科特点

1) 根据一种语言诸层面之共性特征,如语音、词汇、句法结构等对其进行类型划分。

2) 语言类型学不涉及语言间的历时发展比较研究,如是否具有亲缘关系等。

3) 语言类型学主要关涉一种语言外部特征的自足性,不涉及语言之间的差异性比较。

4) 语言类型学通过语言的结构特征考察语言之间的语序变化情况,揭示这种变化的分布模式及其动因。

5) 语言类型学注重考察和揭示跨语言的语序模型,确立人类语言的基本语序格局,概括相关参项之语序组配之间的蕴含关系,发掘其中的语序共性和理论价值。

1.5 语言类型学与比较语言学的殊相

语言类型学与比较语言学之间存在明显的区别:后者注重揭示

和说明语言之间的基因图谱关系,认为人类语言之间具有内在"亲缘"关系(kinship relation),就像人类家族成员之间的血缘一样,组成一个谱系关系网络(generic relationship network)。比较语言学家根据语言间的谱系关系,将人类语言划分为不同语系(family of languages),如汉藏语系、印欧语系、闪－含语系、阿尔泰语系等。也有学者,如Humboldt(1825)和Sapir(1921)根据语言的外部形态特征,将语言划分为,孤立语、黏着语、屈折语、声调语和综合语。他们认为,每种语言的语法系统都有自己的内部一致性和独立性,没有一种语言可以自然发展成为另一种语言,这使得人类语言的类型只是表现在一定程度上有差别。语言类型学根据一种语言主(S)、谓(V)、宾(O)的语序特征对其进行类型划分。如英语、法语、西班牙语属于SVO型语言,日语、韩语、阿拉伯语属于SOV型语言。

语言类型学与比较语言学的殊相主要表现在以下方面:前者注重跨语言(非亲缘关系)之间的语序共性、规律及其动因考察。即侧重于发掘不同语族、语系的语言之间在语序类型方面存在的共性规律。后者侧重于具有相同基因和亲缘关系的语言之间在句法结构、形态手段方面的相同/相似性。

1.6 现代语言类型学的缘起

现代语言类型学是由几位美国语言类型学家及其相关研究成果确立的,其中最具影响力的几位当属 Greenberg(1966)及其专著 *Universal of Language*、Comrie(1989)及其专著 *Language Universals and Linguistic Typology* 以及 Croft(1990/2003)及其专著 *Typology and Universals*。他们的研究成果奠定了现代语言类型学的基本方法、研究内容、研究范围和理论框架。Greenberg(1966)及其项目小组根据所掌握的语料样本创立了现代语言类型学研究的基本方法和思路,具体包括语序共性、蕴含关系和语序和谐等。这些研究以专题为单元涉及语音、词汇、形态和句法等方面的共性特征概括,研究内容和方法比较简单,虽然没有明确的理论框架作指导,但是奠定了现代语言类型学的学科基础。Comrie(1989)的研究也基本是以议题的形式开展,如主(S)、谓(V)、宾(O)的语序结构、主语成分的句法-语义功能、格标记模式、致使结构、名词主语的关系化、生命度对主宾位置的制约等。Croft(1990/2003)的研究以功能主义、认知语言学和标记理论为框架,考察人类语言的变异规律、主要语法参项的标记模式、语法关系等级、语序及其动因竞争关系等。可以说,上述三位语言类型学家的研究奠定了现代语言类型学的学科地位和研究基础。

1.7 语言类型学的研究范式

语言类型学主要依据跨语言样本调查,概括相关参项的语序之间存在的隐性蕴含关系和语序共性原则及其理论价值。可以简单归纳为:分类(classification)、归纳(generalization)和解释(explanation)。

具体来说,语言类型学的研究方法可以概括为三种范式:1) 定性类型学研究;2) 定量类型学研究和 3) 理论类型学研究。定性类型学研究关注语言之间的比较及其内部变异,定量类型学研究注重考察语言的内部结构分布格局,理论类型学注重语言内部结构的分布动因及其解释。

1.8 语言类型学的宗旨

语言类型学的宗旨是揭示人类语言的类型、语序特征以及背后隐含的共性原则。表面上看,语序与类型之间似乎是截然迥异的独立关系,其实不然。语言类型学旨在根据跨语言的比较,考察不同语言的核心参项之基本语序格局,探究非核心参项(如形容词、介词、数词、关系从句等)的形态标记模式、语序倾向性及其与基本语序之间的和谐关系或变异情况以及其中涉及的功能动因等。概括语序共性、解释功能动因是语言类型学的终极追求目标。语序共性有程度之别。有些语言具有的典型性语序共性特征较多,被确立为该类型语言的类典型。有些语言因某些语序类型的变异或例外而具有的共性特征较少,被视为该类型语言的边缘性样本。语言类型学研究就是要探究人类语言内部的语序共性规律,明确共相和殊相。在实际操作中,这两种研究方法是并行不悖的,因为关注语序共性就意味着语序殊相比较。

语言类型学不仅关注人类语言的语序共性,而且关注语序的差异性、发展方向以及背后涉及的诸多动因,如句法方面的、功能方面的、认知方面的和语用方面的等。

1.9 人类语言的语序类型格局

一种语言的语序类型是由其主语(S)、谓语(V)和宾语(O)三个核心参项的组配方式决定的,被称为基本语序格局。一种语言的基本语序格局影响和制约着该语言的语法系统和概念化方式。S、V、O 三个参项的六种语序格局的地域分布和使用极不平衡。Tomlin(1986:22)通过对 402 种语言样本的调查,获得以下统计数据:

表 1-1 6 种类型语言的使用比例

语序	数量	百分比(%)
SOV	180	45
SVO	168	42
VSO	37	9
VOS	12	3
OVS	5	1
OSV	0	—
共计	402	

从上表,可以获得以下信息,1) SOV 型语言的使用频率最高,紧随其后的是 SVO 型语言。二者占到所统计 402 种语言样本总数的 87%。2) VSO 型、VOS 型、OVS 型和 OSV 型四种语言的使用频率只占语言样本总数的 13%。

1.10 结语

语言类型学已经成为语言学领域的一门重要分支学科,具有自身独立的术语、概念、理论/原则、研究方法、研究目标、学术群体、专业期刊和国际性学会等。语言类型学是根据语言的语序类型对语言进行分类的学科,表现出四方面学科特征:跨语言性;根据语序进行分类;不顾历时发展,只关注共时下的语序类型;强调语序共性规律。语言类型学注重考察和揭示跨语言的语序模型,确立语言的基本语序格局,概括相关参项之语序组配之间的蕴含关系,发掘其中的语序共性和理论价值。不仅如此,语言类型学还关注具体语言的语序差异性、发展倾向性以及背后的各种功能动因等。

第二章 语言类型学的基本概念和原理

2.0 引言

语言类型学研究涉及较多的概念、术语和原理,许多是成对出现的,尽管学界对有些概念、术语的定义及其特征描写还不统一。语言类型学研究基于考察和揭示跨语言的语序共性关系及其背后的动因,其所涉及的概念、术语和原理往往与逻辑、归纳和功能表达有关。人类语言的基本语序与其他相关语序(如基本语序与非基本语序、基本语序与优势语序、优势语序与劣势语序、语序和谐与优势语序、蕴含共性与非蕴含共性、SVO、SOV、VSO 语言的参项组配关系)的关系背后,往往涉及一定的认知语用基础。

本章主要讨论以下议题:基本语序及其特征以及与其他相关语序的关系。具体包括:基本语序的定义及其特征(2.1.1);基本语序与非基本语序的关系(2.1.2);基本语序的确立条件(2.1.3);基本语序与优势语序的关系(2.1.4);优势语序与劣势语序的关系(2.1.5);语序和谐与优势语序的关系(2.1.6);蕴含共性与非蕴含共性之殊相(2.2);SVO、SOV、VSO 型语言的参项组配关系(2.3)以及重度顺序原则(HSP)及其局限性(2.4)。

2.1 人类语言的基本语序及其特征以及与相关语序的关系

2.1.1 基本语序的定义及其特征

基本语序(basic word order),也被称为核心语序(core word order)(Comrie 1989:88),是相对于非基本/核心语序(如形容词、介词、指别词、数词、领有词以及定语从句)而言的。基本语序因语言各异,学界对其定义及典型性特征看法还不统一。目前,比较有权威影响力的定义可归纳如下:

1) 基本语序是指主要语法成分在体裁中性(stylistically neutral)的独立小句中的倾向性语序结构(Mallinson & Blake 1981：125)。

2) 基本语序是指小句层面的各核心成分的语序格局(Siewierska 1988：8)。

3) 基本语序是指不受语境因素干扰的自然、无标记性语序(Comrie 1989：88)。

从上述定义可以看出,基本语序具有以下主要特征：1) 只涉及主、谓、宾三个核心参项及其句位分布。2) 独立于特定语境,属于无标记语序。3) 只涉及主句层面,不涉及短语和从句。

2.1.2 基本语序与非基本语序的关系

任何一种语言都有基本语序和非基本语序之别。前者与后者之间的区别主要表现在以下方面,1) 基本语序只涉及主、谓、宾三个核心参项的语序结构关系,非基本语序涉及除此之外的其他参项的语序组配关系。2) 基本语序独立于特定语境,非基本语序往往受到语境因素(如语用、语体、语篇功能表达)的影响。3) 基本语序只涉及主句层面,不涉及短语和从句的语序关系,非基本语序涉及短语、从句、状语和补语等的语序关系。4) 基本语序往往是原生性、无标记语序,制约并影响着非基本语序。非基本语序与基本语序之间往往存在语序和谐关系。汉语及其诸方言在这方面时有例外。最典型的如"关系从句+核心名词""比较标记+比较基准+形容词"。这类语序与 SVO 型语言之间是不和谐关系。

语序较灵活的语言可能有两种语序并存的情况,但以一种语序为倾向性或优势语序。如汉语以 SVO 型为基本语序,但也常使用 SOV、OSV 语序。古拉丁语也存在 SVO、SOV、OSV 语序并存的情况。非基本语序(如形容词与名词、介词与名词、状语与主句、领有词与名词、关系从句与中心词、比较基准与形容词等)也表现出系统性规律。如果确定一种语言属于 SVO 型,那么该语言使用"介词+名词""名词+形容词""中心词+领有词""形容词+比较基准""中心词+关系从句"语序,如果确定一种语言属于 SOV 型,那么该语言使用与此相反的非基本语序(W. Lehmann 1973)。自然语言中,完全忠实于上述语序格局的语言不多见,即使是英语、德语这类被视为比较典型的 SVO 型语言,在有些方面也表现出例外。如英语使用"形容词+名词""领有词＋中心词"语序,前者如 beautiful flower,后者如 my brother's car。德语主句使用 SVO 语序,从句使用 SOV 语序。

一般情况下,基本语序和优势语序的使用频率高于非基本语序和劣势语序。不仅如此,前者的结构化程度也高于后者。

2.1.3 基本语序的确立条件

目前,学界对于基本语序的确立还没有一个统一的参照标准,但是判定一种语言的基本语序往往涉及以下操作:

1) 基本语序的确立往往涉及严格的语境条件,多指一种语言中主、谓、宾三个核心参项在陈述句中的语序类型,语体要求中性,具有句法独立性和自足性,位于主语和宾语位置上的参与者必须是名词性成分。选择陈述句,而非否定句、疑问句或被动句是因为,陈述句是一种语言中语境独立性程度最高,使用频率最高,语序自由度[①]最低的句式(Comrie 1989:92)。

2) 自然语境条件下,陈述句的主语多由可别度高、施事性强的名词或代词充任,宾语多由语法关系等级低的受事名词充任,动词表达一种行为活动,而不是状态。

3) 基本语序的确立还涉及语用倾向性高低、可及性强弱、使用频率高低以及形态标记度高低等因素。在两个竞争性语序中,语用越中性的语序受到的句法限制条件越少,使用频率也越高,而且这种语序的标记度也越低(Whaley 1997:104)。带标记的语序是指易受到语法规则或句位分布限制的语序。形式上,带标记的语序比无标记语序更加复杂。

Hawkins(1983:12-16)认为,确定一种语言的基本语序可以参照三个标准:1) 在语篇中的复现率最高;2) 在语法系统中的复现率较高。比如,一个范畴中的绝大多数词类出现于 X 语序,那么 X 就是基本语序;3) 句法上属于无标记语序。如果 X 语序而不是 ¬X 语序,遵循某个原则,那么 X 语序就是基本语序。

因语序自由度差别,确立一种语言的基本语序的难易度不同。一

---

① 语序自由度等级原则(Word Order Mobility Hierarchy/WOMH)(C. Lehmann 1992:165-166)认为,"一个语言成分的语序自由度(WOM)随着句法组合层级的升高而递升。一般情况下,词内语素的语序自由度低于短语内各词项的语序自由度,短语内各词项的语序自由度低于句内短语的语序自由度"。

般情况下,语序结构对句子的语义表达没有实质性的影响,如古希腊语、卡虞加语(Cayuga)、南地语(Ngandi)和库斯语(Coos)等就属于语序自由度很高的语言(Comrie 1989)。其实,现代汉语中有些句子的语序变化对语义的影响也不明显。如"我唱歌≈我歌唱""文件上传≈上传文件"等。主要是因为这些语言中,语用规则对句子的语序制约功能大于句法规则。但是,在有些语言中,如印欧语系的英语、德语、法语、西班牙语、意大利语等,语序对句子的语义功能表达具有决定性作用,主要是因为这些语言中句法规则的制约功能远大于语用规则。也就是说,句法规则和语用规则在不同语言中的竞争能力不同。

2.1.4 基本语序与优势语序的关系

基本语序是指不受语境因素干扰的自然、无标记语序。优势语序是指某种特定语序压倒其对应语序的情况(Greenberg 1966:95)。以往有学者仅用无标记语序或原生语序作为限制条件来定义优势语序,不够客观,也不够全面。基本语序与优势语序,有共相也有殊相。共相主要表现在以下三个方面:

1) 从类型学角度来看,无论是基本语序还是优势语序,都代表着一种语言最多的倾向性语序类型特征。具体来说,绝大多数语言都以S、V、O三个参项的6种语序之一为其基本语序格局。如英语、法语、意大利语、西班牙语等,以S、V、O三个核心参项的SVO组配为基本语序格局。而土耳其语、阿拉伯语、朝鲜语、日语等,以S、V、O三个核心参项的SOV组配为基本语序格局。即使是有些语序比较灵活的语言,如汉语、俄语等,也以S、V、O三个参项的某一组配为其常规语序格局。优势语序也可以指一种语言中形容词与名词、数词与名词、指别词与名词、介词与名词、领有词与领属词、关系从句与中心词、状语从句与主句(前置或后置)的一种语序相对于其对立语序表现出更大倾向性的语序。

2) 结构化/规约化程度普遍较高。一种语言一旦确立其基本语序和优势语序,其语序格局往往在相当长的一段时期内不会轻易发生变异。不仅如此,基本语序和优势语序会随着使用频率的增多,其结构化/规约化程度会逐渐增强。如在英语、法语、西班牙语之类SVO语言中,"主语+谓语+宾语""介词+名词""形容词+比较基准"(差比句)语序的结构化/规约化程度非常高,不能发生语序变化,其变异性语序往往被视为不合语法,或带有很强的标记性。在语序组配关系最为纯净的 SOV 语言(如日语、朝鲜语、阿拉伯语)中,"关系从句+名词""领有词+领有词""名词+后置介词""比较基准+形容词"(差比句)组配关系具有唯一性和排他性,这种语序的结构化/规约化程度更高。现代汉语是一个例外,学界不少人将 SVO 语序视为其基本语序格局,其实这种语序的结构化/规约化程度并不高。我们除了使用 SVO(我吃饺子)语序外,还使用 OSV("饺子我吃")、SOV("我饺子吃")甚至 OVS("一锅饭吃三个人")语序。这种多语序并用格局致使汉语中其他一些相关参项也表现出比较灵活的组配关系。其中,比较典型的有,SVO 语序与 SX(各种附加语)VO 语序之间基本可以任意转换,而不涉及太多的语境条件。如我们可以在"我踩伤了他的脚"和"我把他的脚踩伤了"两句中,任选一种说法。二者孰为优劣可能难以定论。另外,汉语中还有"形容词+比较基准"和"比较基准+形容词"两种差比语序并用格局。前者如"我的成绩比他好",使用对象主要来自北方部分地区;后者如"我的成绩好于他",使用对象主要来自广东、广西、湖南等地区。即使是定中关系,汉语中也可有两种语序。书面语多用"形容词+名词"语序,口语中还可使用"名词+形容词"语序。前者如"英语好的学生(上快班)",后者如"学生,英语好的,(上快班)"。另外,主谓谓语句中也有两种语序并用的情况。如我们既可以说"鸡蛋3斤10元",也可以说"鸡蛋10元3斤"。再如,疑问句也可有两种语序。如我们既可以说"小张,怎么样?""电影,怎么样?",也可以说"怎么样?小张""怎么样?电影"。

3) 语序稳固性较高。由于基本语序和优势语序的语境依赖性程度较低,受到的句法规则制约程度远大于语用-语篇规则,尤其是基本语序,其规约化程度往往很高,语序稳固性也较强。相对而言,其他语序关系由于语境依赖性较强,受到语用因素或语篇功能表达的影响程度远高于句法规则,其语序稳固性相对较低。见下面英语(b 句皆引自 Whaley(1997:80))例示及其分析:

(1) a. I don't like lamb.
　　b. Lamb, I don't like.
(2) a. I believe you.
　　b. Believe you me.

以上两组句子中,a 句属于典型的 SVO 语序。这种语序在英语中既属于基本语序,也属于绝对优势、压倒性语序,即这种语序是英语中属于基本语序和优势语序的重叠,基本不受语境条件的限制,其结构化程度和语序稳固性都很高,一般不能发生语序变化。其实,"施事-受事"语序相对于"受事—施事"语序属于无标记、自然语序,符合自然信息流(natural information flow)顺序:自然信息流总是从施事到受事(Hopper & Thompson 1980;Comrie 1989:128)。也可以说,"施事-受事"语序符合自然语言的结构化特征:一个线性句子的结构化方式是基于时空顺序的认知/识解的重述(Delancey 1981:634)。因此,作为基本语序和优势语序双重身份的(1a)(2a)相对于 b 句,语序更加稳固,不容易发生语序变化。而 b 句属于特定语用功能表达或语篇功能表达时,才选择使用的语序关系,可将其视为 a 句的语序变异现象。这种语序关系具有临时性和很强的语境依赖性,一旦离开相应的语境条件,它们只能向 SVO 语序发展。因此,其语序稳固性很低。

即使是在语序比较灵活的现代汉语中,基本语序和优势语序也因语境依赖性远低于其非基本语序,而且前者的语序稳固性相对也高于后者。非基本语序和劣势语序往往涉及更多的语用因素而偏离基本语序或优势语序,而成为带标记语序并致使其语序稳固性减弱。见下面汉语例句及其分析:

(3) a. 我写完数学作业了。

　　　b. 我数学作业写完了,(语文作业没写完)。

　　　c. 数学作业我写完了,(但不知答案对不对)。

　　　d. 写完数学作业了,我。

上面四句中,(3a)属于 SVO 语序,(3b)属于 SOV 语序,(3c)属于 OSV 语序,(3d)属于 VOS 语序。相比之下,a 句结构最简单,涉及的语用-语境因素最少。这句话是对问句"你写完数学作业了吗"作出的回答。而 b、c、d 三句结构比较复杂,涉及较多、较复杂的语境因素。具体来说,b 句隐含"我数学作业写完了,(语文作业没写完)",c 句隐含"数学作业我写完了,(但不知答案对不对)",d 句只用于口语交际,不能出现于书面语。另外,从语义角色来看,a 句这种"主—谓—宾"语序完全对应于"施事—动作—受事"事件框架,即二者之间具有重合性。而 b、c、d 三句在语序结构上不符合"施事—动作—受事"事件框架,致使其句法功能不明确,易向其他语序转化,因此语序稳固性很低。当然,b、c、d 三句的语序稳固性也不尽相同,有高低等级之别。由于不是本节的重点,此处不展开讨论。

基本语序与优势语序之间的殊相主要表现在以下方面:

1)基本语序只涉及主、谓、宾三元关系,其组配格局影响并制约着一种语言中其他非核心参项的语序及其与基本语序之间的和谐程度。基本语序一定是优势语序,而优势语序不一定是基本语序。优势语序多指一种语言中两个非核心参项的无标记组配关系,是相对于劣势语序而言的,有时也被称为倾向性语序。一般情况下,一种语言中的优势语序多与其基本语序之间存在跨范畴和谐关系。不同语言中,优势语序的程度不同。如英汉语言中 SVO 语序相对于其 OSV 语序,属于优势语序。前者中,SVO 语序相对于其 OSV 语序,属于绝对优势语序。后者中,SVO 语序相对于其 OSV 语序,属于相对优势语序。优势语序往往代表一种倾向性语序,有程度之别。这与基本语序不同。如英语中,SVOX 语序(He stayed there for two days)相对于 XSVO 语序(For two days, he stayed there),属于优势而非基本语序;N+Rel 语序(a word hard to pronounce)相对于 Rel+N 语序(a hard-to-pronounce word),属于优势而非基本语序。如汉语中,SXVO 语序("他在这儿待了两天了")相对于其 SVOX 语序("他待了两天了在这儿"),属于优势而非基本语序;Rel+N 语序("迟到的学生要说出理由")相对于 N+Rel 语序("学生,迟到的,要说出理由"),属于优势而非基本语序。

2)基本语序具有唯一性,可能会涉及语境因素,也可能涉及语体因素,但独立性较强,不易受到语境、语体因素的影响。而优势语序是相对于劣势语序而言的,一定涉及语境和语体因素,依赖性较强。前者往往影响和决定着后者的语序。

3)基本语序是指 S、V、O 三个核心参项的组配关系,属于句法层面,受语用—语篇因素的影响较小,结构化程度较高。而优势语序是指次要参项的组配关系,属于词汇或短语层面,受语用—语篇因素的影响较大,有时会出现两种语序孰优孰劣、难分伯仲的纠葛,如英语中的 N's+N(our country's interest)与 N+of+N(interest of our country)语序、G(领有词)+N(my friend)与"N+G"(friend of mine)语序,就属于这种情况。如汉语中,"鸡蛋,10 元 3 斤"与"鸡蛋,3 斤 10 元"语序、"你胆小鬼一个"与"你是一个胆小鬼"语序,也属于这种情况。优势语序的结构化程度不如基本语序高。优势语序是多种动因(语序和谐原则、联系项原则、认知语用突显原则等)共同作用的结果,是相对于劣势语序而言的,具有语序倾向性。多数情况下,一种语言的优势语序都会与其基本语序之间保持和谐关系。如英语中,

NRel(关系从句)、VP+PP(介词短语作附加语)/AdvP(状语从句)、Stcom(比较标记)+Adj 与其 SVO 语序之间是和谐关系。但其 Adj+N 语序与英语 SVO 语序之间是不和谐关系,尽管 Adj+N 语序在英语中属于优势语序。形容词与名词在 SVO 型语言中的典型性语序是 N+Adj 语序。法语在这方面表现得非常突出。

4) 基本语序一定是无标记性优势语序。二者之间的关系是,基本语序一定是优势语序,而优势语序不一定是基本语序。基本语序满足的语序原则和句法条件远高于优势语序。前者的语法关系等级远高于后者。优势语序要满足的语序原则和句法条件远低于基本语序可以从下面得到证明。根据 Whaley(1997:100-105)的优势语序判别标准,优势语序具备如下三个主要特征:复现率(frequency)高、标记度(markedness)低、语用最中性(pragmatically neutral contexts)(最没有特定语用功能表达要求、语境条件要求最低);反之,属于劣势语序。以上三个指标之间存在顺向一致性关系。也就是说,优势语序在复现率方面相对高于其对立语序,在标记度方面相对低于其对立语序,在语用条件方面相对低于其对立语序。

5) 基本语序的使用频率远高于其他语序,主要是因为前者属于句法层面。基本语序的使用频率可以进行统计和量化。如我们可以通过 BNC 语料库,统计英语的基本语序 SVO 在某一语料样本中的使用频率值,所得结果往往比较可靠,因为这种语序对语境、语体条件的要求很低。我们还可以通过 CCL 语料库,统计汉语中 SVO 与 OSV 语序在某一语料样本中的使用频率差别,所得结果也比较可靠。但是,要想通过 BNC 语料库,统计某一语料样本中 N's+N(our school's library)与 N+of+N(library of our school)语序、G(领有词)+N(China's territory)与"N+G"(territory of mine)语序,前后何者为优势语序、何者为劣势语序,则困难得多,因为前后两种语序不仅对语境、语体有要求,而且自身的句法标记度以及语用的中性度也难以把握,许多情况下二者的表现还取决于其对立语序。也就是说,要准确统计一种语言中,某一优势语序相对于其对立语序的复现频率高低差别,有时非常困难且复杂得多,且结果的可靠性难以保证。

2.1.5 优势语序与劣势语序的关系

优势语序与劣势语序(recessive order)是相对而言的。起初类型学界对优势语序的认识比较狭隘,认为优势语序是某种特定语序压倒其对应语序的情况(Greenberg 1966:95)。其实,优势语序也可从更加宏观的视角理解为,一种跨语言的总倾向。具体如,主语前置于宾语具有跨语言倾向性,即 S-O 语序相对于 O-S 语序属于倾向性优势语序。优势语序与劣势语序之间形成对立性依存关系。这种关系可以概括为,优势语序总是可以出现,而与其相反的劣势语序,只有在与其相和谐的语序也出现的情况下,才出现(Greenberg 1966:97)。劣势语序是指一种语言中相对于其优势语序,句法上带有标记性的对立语序。劣势语序主要用于特定语用-语篇功能表达,其使用频率往往低于其对应的优势语序,而句法标记度往往高于其优势语序。劣势语序属于非常规性语序,这种语序往往与一种语言的基本语序之间是不和谐关系。

人类语言中,存在一些最基本、普遍的优势语序现象。最初是由 Greenberg(1966)发现并概括出来的。常见的如(为方便讨论,我们用 GU 表示 Greenberg Universal。下同):

GU1:在带有名词性主语和宾语的陈述句中,优势语序几乎总是主语处于宾语之前。

GU2:在使用前置介词的语言中,领有语几乎总是后置于中心词;在使用后置介词的语言中,从属语几乎总是前置于中心词。

GU14:条件从句在所有语言中都以前置于动词为常规语序。

GU25:如果代词宾语后置于动词,那么名词宾语也同样后置。

另外,还可以通过四分表(tetrachoric table)模型来展示优势语序与劣势语序的内在逻辑关系。具体如,用 W、X、Y、Z 四个大写字母代表四个不同语法成分。根据单向性蕴含关系的一般原则:如果一种具有典型性语序特征的语言中有 WX 组配,那么该语言必定有 YZ 组配。反之,不一定。根据这条共性原则,可以推导出另一条等价表达式:ZY⊃XW。即 WX⊃YZ 蕴含 ZY⊃XW。这个等价表达式可作如下解读:WX 语序蕴含 YZ 语序,等价于 ZY 语序蕴含 XW 语序。这两条蕴含共性所包含的逻辑关系可以通过四分表形式清晰地展示出来:

(4)

表 2-1 优势语序与劣势语序的四分表模型

(a) WX,YZ	(b) XW,YZ
(c)(WX,ZY)	(d) XW,ZY

从上表,可以获得以下信息,1) 上面四种蕴含关系中,三种成立,只有一种不成立。具体来说,(a)(b)(d)成立,(c)不成立。2) 在(a)种蕴含关系中,后件 YZ 相对于前件 WX 属于优势语序。在(d)种蕴含关系中,后件 ZY 相对于前件 XW 属于优势语序。3) YZ 和 XW 这两种优势语序是不和谐关系,但可以并存于同一种语言。而 WX 和 ZY (c)都不是优势语序,又不和谐,因此不能并存。4) 优势语序项在四分表中能出现两次,一次为和谐,如 XW、YZ;一次为不和谐,如 WX、ZY。而非优势语序只能出现一次,必须是和谐的,如 WX,ZY。

刘丹青(2003:36)把上述 Greenberg(1966)所揭示的语序和谐和优势语序的互动规则用文字形式概括为如下三条原则:

1) 两种语序有和谐关系时,可以并存于同一种语言,即使其中有非优势语序。

2) 两种语序都是优势语序时,可以并存于同一种语言,即使两者不和谐。

3) 两种语序没有和谐关系,而且都不是优势语序时,不能并存于同一种语言。

上面三条原则都可以落实或对应于现实中的某种语言。就第一条原则而言,可以从汉语中找到相关的语料事实。汉语中,介词短语后置于动词(VPP)与"动—宾"结构(VO)之间是和谐关系。其实,汉语中介词短语后置于动词(VPP)相对于前置(PPV),属于劣势语序(席建国 2013:200-202),即 VPP 语序与 PPV 语序在汉语中是并存不悖的。就第二条原则而言,可以在英语中找到对应的语序现象。英语中,领有关系有两种语序结构,一种是领有词前置于领属词(GN),如 his book、school's library;另一种是领有词后置于领属词(NG),如 relatives of mine、the property of our company。二者可以相安并存使用于英语中,而无使用频率、标记度高低之别(Comrie 1989:119)。但从跨语言角度来看,NG 语序相对于 GN 语序属于 SVO 型语言的典型性语序。也就是说,NG 语序属于优势语序,只有这种语序与 SVO 型语言之间存在语序和谐关系。就第三条原则而言,可以在法语中找到对应的语序现象。法语中,名词宾语前置于动词(O_NV)与代词宾语后置于动词(VO_{Pron})是不和谐关系,且都不属于优势语序,不能并存共现于法语中。

另外,还可以通过涉及形容词与名词两个参项与其他参项的语序组配关系,来说明优势语序在命题逻辑中的特征。下面以 Greenberg

(1966)GU5 和 GU17 为例,进行分析和讨论。

GU5:"如果一种语言以 SOV 为基本语序,且这种语言中领有词后置于名词,那么这种语言中形容词也后置于名词"。

GU17:"如果一种语言以 VSO 为基本语序,那么这种语言中形容词后置于名词"。

上述两个文字表述可以概括为以下逻辑表达式:

GU5:(SOV & NG)⊃NA

GU17:VSO⊃NA

此外,还可以根据已有蕴含共性,获得一些演绎式蕴含共性。具体如"如果一种语言中,指别词和数词后置于名词,那么这种语言中形容词也后置于名词"。

上述两个文字表述可以概括为以下逻辑表达式:

(5) a. 名词+指别词(NDem)⊃名词+形容词(NA)

b. 名词+数词(NNum)⊃名词+形容词(NA)

上述逻辑表达式中,被蕴含项相对于蕴含项属于优势语序。因此,优势语序和劣势语序的关系可以概括为:如果一种语序(D)为优势语序,那么涉及 D 的蕴含共性可以表示为 X⊃D 或其对换式(contrapositive)~D⊃~X,而永远不会是 X⊃~D 或 D⊃~X。即在其他一切条件相同的情况下,优势语序可以被视为倾向性语序。具体到例(5),可以说 NA 语序相对于 AN 语序,属于优势语序。这种倾向性语序也可通过四分表展示出来:

(6)	DemN	NDem
a. 名词+形容词(NA)	√	√
b. 形容词+名词(AN)	√	—

从上表,可以获得以下信息,NA 语序属于优势语序,这是因为 NA 语序能够与 NemN 和 NDem 两种语序共现,而 AN 语序只能与 NemN 一种语序共现。同理,DemN 语序也属于优势语序,而 AN 语序和 NDem 语序属于劣势语序。从以上例示及其分析,可以看出,优势语序是能够与任何一个交叉参项共现的语序。除了从语序分布来判断一个语序的优劣,还可以从复现率来判断一个语序的优劣。一般情况下,优势语序是复现率较高的语序,劣势语序是复现率较低的语序。如许多语言中,DemN 语序相对于 NDem,前者的复现率几乎是后者的两倍(Croft 2000:60)。这一点也可以从蕴含共性 DemN⊃NRel 看出。大量跨语言调查表明,DemN 语序可以与 RelN 和 NRel

两种语序共现,如在英语等印欧 SVO 型语言中,指别词前置于名词(DemN),而关系从句却后置于名词(NRel)。在日语、朝鲜语等 SOV 型语言中,指别词和关系从句都前置于名词(DemN/RelN)。最为另类和特别的是,汉语中指别词和关系从句都前置于名词。人类许多语言中,NDem 语序只能与 NRel 语序共现,尽管世界上使用 NRel 语序的语言远多于 RelN 语序的语言。

优势语序与劣势语序的区别还可以从使用频率来比较。一般情况下,前者相对于后者往往使用频率更高。但是,在有些特殊语体或特定语用条件下,情况可能正好相反。如美语中,第一人称要求使用 shall,但实际情况是 will 的使用频率远高于 shall。另外,be gonna 相对于 be going to 多被视为带标记、劣势语序。但在口语交际中,be gonna 的复现率远高于 be going to。后者被视为前者的书面体,在书面语中的使用频率远高于前者。另外,汉语中尽管 SVO 语序被视为相对于 OSV 语序,属于优势、无标记语序,但是在实际语言交际中,有时可能 OSV 语序的使用频率高于 SVO 语序。具体如,"一个包厢坐八个人"(特殊方所分配句)与"八个人坐一个包厢"("施事—动作—受事"句)、"一锅饭吃三个人"(容纳句)与"三个人吃一锅饭"("施事—动作—受事"句),前者的复现率可能高于后者,尽管前者相对于后者被视为带标记、劣势语序(沈家煊 1999;席建国 2013:50)。

2.1.6 语序和谐与优势语序的关系

语序和谐(word order harmony)与优势语序这两个概念也是由 Greenberg(1966:97)首先提出的,主要用于解释语序蕴含共性。语序和谐是一种机制,是指两个语法参项的核心位置具有对应的语序关系。这种语序关系往往具有跨语言共性(或相同的倾向性)。绝对的语序和谐基于语序结构间的双向蕴含(bilateral implication),双向蕴含非常少见。大部分蕴含共性因为优势语序的存在,只表现为单向蕴含(unilateral implication)。

起初的类型学研究没有给予优势语序现象足够的重视,而将关注的焦点集中于蕴含共性和和谐关系,也许是因为概括蕴含共性和语序和谐关系,相对比考察优势语序简便易行,且更加可靠。而优势语序往往涉及多种因素,既有客观方面的因素,也有主观方面的因素。客观方面的因素如,不同语言本身存在语序类型差异。主观方面的因素如,有时确立一种语言中某一语序相对于其对立语序属于优势语序抑或劣势语序,具有很大的相对性和主观性,主要是因为优势语序的确立涉及诸多因素,既有语境方面的,也有语体方面的,还有使用频率方面的以及句法标记度等。对这些因素的考察和量化,不像对蕴含共性和语序和谐关系的概括,往往难以做到客观、准确。要揭示优势语序的本质,必须从蕴含共性入手。具体来说,Greenberg(1966)对优势语序的解释是通过与劣势语序的比较进行的。由于优势语序与和谐关系之间存在根本性的冲突,这就注定了单用和谐原理来解释语序共性,往往不可靠,也不可行。而蕴含关系的本质是劣势语序的存在蕴涵着优势语序的存在。Greenberg(1966)的大部分蕴含共性都属于这种情况。

为方便讨论,我们借助更为细致的四分表形式来解释和说明优势语序的本质及其特征。此处还以 Greenberg(1966)的共性二十五(GU25)为例:"如果代词性宾语后置于动词,那么名词性宾语也同样后置于动词"。上述共性原则可分解为四条蕴含关系:

(7) a. [PronV : NV]　代词前置于动词,名词前置于动词
  b. [VPron : VN]　代词后置于动词,名词后置于动词
  c. *[VPron : NV]　代词后置于动词,名词前置于动词
  d. [PronV : VN]　代词前置于动词,名词后置于动词

从上面四分表,可以获得以下信息:1)一种语言中,代词宾语和名词宾语相对于动词有三种可能的语序分布,即(7a)(7b)(7d),只有(7c)不成立。也就是说,人类语言中不存在代词宾语后置于动词,而名词宾语前置于动词的语序类型。2)代词宾语前置于动词相对于后置,属于优势语序;名词宾语后置于动词相对于前置,属于优势语序。3)两种优势语序(7d)或一优(7a)一劣(7b)语序共现于一种语言是可能的,两种劣势语序共现于一种语言是不可能的(7c)。两个优势语序之间是和谐关系,一优一劣语序之间是不和谐关系。

虽然借助四分表可以分拣出"四缺一"现象,但要真正揭示优势语序的本质,情况要复杂得多。Greenberg(1966)所概括的语序共性原则以及 Vennemann(1974)和 W. Lehmann(1973)建立的语序和谐模型遭遇不少例外,这引起了一些类型学家的质疑和挑战,如 Hawkins(1983)致力于追求无例外的蕴含共性,如语序共性的系列化。主要表现在研究方法比先前学者作了较大改进:一是通过增加考察语种的数量,丰富语料样本;二是通过增加蕴含关系中限制条件的数量,

19

如使用多重前件,尽可能确保蕴含共性的绝对性和无例外性。因此,Hawkins 的共性原则也被学界称为复合式蕴含共性(complex implicational universal)。为方便起见,下面以 Hawkins 提出的一些共性原则为例,进行分析和讨论(HU 表示 Hawkins Universal。下同):

HU Ⅱ:如果一种语言的基本语序为 VSO 型,且该语言使用形容词后置于名词(NA)语序,则该语言中领有定语也后置于名词,即"名词+领有词"(NG)。

HU ⅩⅢ:如果一种语言使用前置介词,且动词的语序不是 SOV 格式,那么该语言中关系从句也后置于名词,即"名词+关系从句"(NRel)。

首先来看 HU Ⅱ,如果仅限于一种语言是否使用 VSO 语序,我们无法判别该语言是否使用领有定语后置于名词,因为还有部分 SOV 型语言,也使用领有定语前置于名词(GN)语序,如朝鲜语、日语、阿拉伯语等。另外,现代汉语也使用领有定语前置于名词语序。这属于 SVO 型语言中极其罕见的例外,这也是汉语被视为很不典型的 SVO 型语言的原因之一。

下面来看 HU ⅩⅢ 的情况。如果仅以一种语言是否使用前置介词,无法准确判别该语言是否使用关系从句后置于名词(NRel)语序。因为即使是在使用前置介词的语言中,有些语言也并非使用关系从句后置于名词语序,有的甚至使用关系从句前置于名词(RelN)语序,如汉语就是一例。但是,再增加一个前件,如"动词的语序不是 SOV 语序",就可以确保关系从句一定后置于名词,这一条不会出现例外。如所有印欧语言中,动词都前置于宾语,而这些语言均不是 OV 型语序,但其关系从句均表现为 NRel 语序。

另外,Hawkins 还使用了一些包括更多限定条件的前件来追求其蕴含共性之概括力的无例外性。如他将多条相关的共性原则组合为一条复合式蕴含共性原则。这种蕴含共性中,不同成分之间往往存在语序等级关系,而且仍然保持着纯洁性和无例外性。下面以 HU ⅩⅤⅢ(Hawkins 1983:65)为例,进行讨论:

HU ⅩⅤⅢ:PoP[①] ⊃ ((AN ∨ RelN ⊃ DemN ﹠ NumN) ﹠ ((DemN ∨ NumN ⊃ GN))

上式可转写为如下文字表达式:

[①] PoP 表示"后置介词"(postpostion),∨ 表示"而且",﹠ 表示"并列"

如果一种语言使用后置介词,而且该语言中形容词定语前置于名词,或者关系从句前置于名词,那么其指示词、数词都前置于名词,或者如果该语言中指示词或数词前置于名词,那么其领有词也前置于名词。

如将 HUⅩⅤⅢ 与 GU2("在使用前置介词的语言中,所有格几乎总是后置于名词。在使用后置介词的语言中,所有格几乎总是前置于名词")(Pr⊃NG/Po⊃GN)作对比和分析,可以发现,HUⅩⅤⅢ 比 GU2 复杂得多。前者严格地确保了蕴含共性的跨语言普遍性和无例外性,但同时也显得过于繁琐。

优势语序与和谐关系之间存在根本性矛盾,主要是因为优势语序总是不对称的,具有倾向性,多涉及语用因素。而语序和谐总是对称性的,多涉及语义因素。如 Hawkins(1983:140)将和谐关系称为跨范畴和谐(Cross-Category Harmony/CCH)现象。此外,语序和谐本身也可能是由多种因素造成的,如语法化渊源关系、句法规则的要求、结构相似性、语用经济性等。学界通常不把语序和谐看作严格意义上的语序共性,而是将其视为一种统计学上的语序倾向性。

2.2 蕴含共性与非蕴含共性之殊相

蕴含共性(implicational universal)是现代语言类型学研究中最重要、使用频率最广泛的概念之一,另一个与其相对的概念是非蕴含共性。蕴含共性是指语言变异所受到的限制或变异模式,是对可能存在的语言类型范围作出说明(Croft 1991:53)。这一概念首先是由 Greenberg(1966)提出并被后学广泛传播开来的。蕴含共性比非蕴含共性具有更重要的类型学理论价值,因为蕴含共性能够说明两个或多个语法参项之间的依存关系。不仅如此,蕴含共性还体现命题逻辑在类型学上的实际应用。这一概念的提出把传统类型学对跨语言相关性的印象式观察提升到了蕴含共性的高度。Greenberg(1966)通过对 30 种语言样本的考察,概括出 45 条蕴含共性。这些蕴含共性可以通过逻辑上等价的表达式表示出来,一种是表达形式简单的蕴含命题(implicational proposition),一种是表达形式更为详尽的四分表模型。

蕴含共性所描写的不是表面上一目了然的共性(如"任何自然语言都有人称代词""所有语言都有元音"。这类共性原则具有跨语言普遍性),而是比较隐晦的相关性蕴含关系。如表面上不同的语言参项组配之间,其实蕴含着许多人类语言的共性关系:一种语言可以具备或缺少某种语法特征,但它不会违背这种语法特征与另一语法特征之间的蕴含关系。这样一来,我们可以在原本看似无关的语言现象之间建立起一定的蕴含关系。蕴含关系可以概括为,一种语言中某语法特征的存在蕴含着另一种语法特征的存在,即前者是后者存在的前提。具体例示如:

GU25:"如果代词性宾语后置于动词,那么名词性宾语也同样后置于动词"(Greenberg 1966)。

HU5:"如果一种语言中名词前置于指别词,那么该语言中名词也前置于关系从句"(Hawkins 1983:84)。

GU25可以转写为,一种语言中如果代词性宾语后置于动词,蕴含着该语言中名词性宾语也后置于动词。HU5可以转写为,一种语言中如果名词前置于指别词,蕴含着该语言中名词也前置于关系从句。这两条蕴含共性都表现出典型的蕴含共性所具有的逻辑关系,尽管它们属于简单蕴含共性。除此之外,还可以使用复合式蕴含共性来概括两种或多种语序共性之间的蕴含关系。见下面例示:

(8) 如果一种语言有 X 现象,必有 Y 现象。反之,则不然。

上述蕴含共性还可以用逻辑式概括为:$X \supset Y$

上式可作如下解读,前件 X 与后件 Y 之间是充分条件关系或 Y 现象的存在是 X 现象存在的必要条件。换句话说,X 现象的存在以 Y 现象的存在为前提。其中,X 被称为蕴含项(implican),Y 被称为被蕴含项(implicatum)。

蕴含共性同时也反映语序优劣关系,如被蕴含项相对于蕴含项,属于优势语序。或者说,蕴含项相对于被蕴含项,属于劣势语序。蕴含共性的本质是劣势形式的存在蕴涵着优势形式的存在。优势语序与劣势语序的关系是,优势语序总是能够存在,而与之相反的劣势语序,只有在与其相和谐的语序也出现的情况下,才能出现(Greenberg 1966:34;Comrie 1989:18)。Greenberg(1966)对优势语序的说明和解释是通过与劣势语序的比照来进行的。

大部分蕴含共性都属于单向蕴含关系,所以单向蕴含关系用 if...then 来表示,真正的双向蕴含共性非常少。单向蕴含关系可以用逻辑表达式概括为,若 P,则 Q。每一条蕴含共性都可以用逻辑上等价的四分表模型来表达。四分表模式可以详尽列举一条蕴含共性两端共存或排斥的各种可能语序,是蕴含命题的一种分析性表达式。我

第二章
语言类型学的基本概念和原理

们以 Greenberg 的蕴含共性"如果一种语言存在第一/第二反身代词，那么该语言一定存在第三人称反身代词"为例，进行讨论。为方便讨论，用 P 表示"存在第一/第二反身代词"，用 Q 表示"存在第三人称反身代词"，用-P 表示"不存在第一/第二反身代词"，用-Q 表示"不存在第三人称反身代词"。逻辑上，上述抽象的四种可能组配关系可以用四分表(tetrachoric table)模型概括为：

(9) a. P, Q
    b. * P, -Q
    c. -P, Q
    d. -P, -Q

上述四分表可作如下解读，该蕴含共性成立(如果 P,则 Q)，那么有三种可能的情况：(9a)、(9c)和(9d)，不允许有(9b)。这些语序分布可以在人类语言中找到具体的实际落实证据。如英语属于第一种情况，存在第一/第二反身代词和第三人称反身代词。法语属于第三种情况，不存在第一/第二反身代词，但存在第三人称反身代词。许多 Anglo-Saxon 语言，因不存在第一/第二反身代词，也不存在第三人称反身代词。而存在第一/第二反身代词，但不存在第三人称反身代词的语言，至今未见。也就是说，任何一条蕴含共性都必须进行跨语言比较验证，这正是蕴含共性成为语言类型学的概括范式所在。蕴含共性代表语言差异中最简单的受限形式，蕴含共性只有通过跨语言比较才能发现和确立。也就是说，蕴含共性代表着命题逻辑在类型学研究中的实际运用。

蕴含共性中，还包括一些复合式蕴含关系。这种蕴含关系相对于简单蕴含关系，具有非常实际而具体的语言类型学价值。最典型的如 GU1："在名词作主语和宾语的陈述句中，优势语序几乎都是主语前置于宾语"和 GU5："如果一种语言以 SOV 为主导语序，且领有词后置于所修饰的名词，那么这种语言中形容词同样也后置于所修饰的名词"。这种蕴含共性中，需要以两个语序条件为前提，来推导或预测第三个语序特征。有些复合式蕴含共性以三个语序条件为前提，来推导或预测其他语序特征。如 GU21(Greenberg 1966)："一种语言中，如果某些或所有副词后置于其修饰的形容词，那么这种语言中形容词也后置于名词，且以动词前置于名词性宾语为优势语序"。从以上例示及其分析不难看出，以一个语序条件的存在为参照，来推导或预测多重语序现象存在的蕴含共性，相对比以多重语序共性的存在为参照，来推导或预测一种语序蕴含共性,具有更高的语言类型学理论价值。这是因为,语言类型学的蕴含共性倾向于以最少的条件,预测最多的可能性(Moravcsik 1997:107)。这就是所谓的经济性标准(economic standard)。对比以上蕴含共性,可以发现,GU21 的类型学价值和实际意义远大于其他简单蕴含共性。

　　Hawkins(1983)专门论述了使用复合式蕴含共性相对于简单蕴含共性的益处:1)在简单蕴含共性上附加更多条件,能够使其摆脱例外的情况,而成为无例外语序共性。这样处理能够使简单蕴含共性具有更强的解释力和预测力。比如,类似"如果一种语言使用后置介词,那么这种语言中领有词前置于名词"(PoP⊃GN)这样的蕴含共性,遭遇到的例外往往不少。这是因为,许多使用后置介词的语言,却表现出领有词后置于名词的语序,而且形容词也后置于名词。因此,可以将这条蕴含共性改写为,"如果一种语言使用后置介词(postposition/Po),且这种语言中名词前置于领有词(NG),那么这种语言使用名词前置于形容词(NA)语序"。这条蕴含共性可以概括为,Po⊃(NG⊃NA),等价于 Dryer(1992)概括的蕴含共性(Po & NG)⊃NA,因为领有词表达的句法-语义功能与有些形容词非常相似(Dryer 1992)。如果附加条件与蕴含共性无关,增设条件虽然能够使例外蕴含共性成为无例外共性,但是这种处理往往会使一个蕴含共性失去能产性。如 Dryer(1992:142)概括的蕴含共性"如果一种语言以 VO 语序为基本语序,那么这种语言中领有词后置于名词"(VO⊃NRel)。该蕴含共性仅遭遇一个例外,即汉语。汉语中,定语从句前置于中心词(RelN)。尽管改写蕴含共性可以使其排除例外情况,但是这种改写并无益于例外情况的解释。2)从复合式蕴含共性或合并简单蕴含共性,可以完善和减少许多简单蕴含共性遭遇例外的情况。

　　非蕴含共性(non-implicational universal),也被称为非受限共性(unrestricted universal)(Croft 1990/2003:52)。这一概念是与蕴含共性相对而言的。非蕴含共性是指不涉及以一个语序条件的存在为前提,来预测另一个语序特征的存在。即非蕴含共性只涉及一个语序条件,而不以"如果 P,则 Q"形式出现。如人类语言表现出下面三条语序共性特征:1)以SOV 和 SVO 语序为使用频率最高,且占绝对优势。2)任何自然语言都有人称代词。3)所有语言都有元音。这些特征属于最典型的非蕴含共性。这一蕴含共性不仅是非蕴含共性,而且是非绝对蕴含共性(non-absolute universal)。也就是说,蕴含共性可能与绝对共性-非绝对共性以及蕴含共性-非蕴含共性的参数差别,完全相反。

与非蕴含共性十分相似的一个概念是蕴含倾向(implicational tendency)。最典型的语序蕴含倾向有 GU4 和 GU18(Greenberg 1966)。分别例示如下:

GU4:"如果一种语言以 SOV 结构为基本语序,那么这种语言很可能有后置介词"。

GU18:"当描写性形容词前置于名词时,除了偶然的情况外,绝大多数情况下,指别词和数词也前置于名词"。

上述蕴含关系也被称为蕴含倾向性。这是因为,这种蕴含关系是一种统计学意义上的倾向性,具有相对性和程度性。因此,这种蕴含关系在其表述中常常附加"很可能""除了偶然的情况外""绝大多数情况下"之类不确定性用语。

蕴含共性具有以下主要特征:1)蕴含共性不作类似于所有语言都具备某一语法特征这样的概括,而是对逻辑上可能的蕴含关系给出限定描述。这种限定描述限制了语言类型之间的差别。2)蕴含共性描述两个逻辑上独立的参项之间的依存关系。3)蕴含共性描述已验证和未验证的语言类型的分布特征。4)蕴含共性将已验证的语言类型中存在的差别描述为一种依存关系,并且将一种语言中的独立参项组装进入一个整合的整体。

2.3　SVO、SOV、VSO 型语言的参项组配关系

语言类型学家对于 SVO 型语言的语序类型特征持两种观点。一种观点认为,SVO 型语言属于动词前置型语言(verb-initial language),即动词位于宾语之前。他们认为,这一点是 VO 型语言和 OV 型语言的根本差别所在。另一种观点认为,SVO 型语言是一种内部语序组配关系不十分明确的语言,或介于动词后置和动词前置之间的语言,用 VO 语序格局来描写和概括不够准确。如 Hawkins(1983)注意到,在 Greenberg(1966)概括的 45 条蕴含共性中有 13 条提到 VSO 型语言主语、宾语与动词的语序关系,也提到 SOV 型语言主语、宾语与动词的语序关系。但是,唯独没有提及 SVO 型语言主语、宾语与动词的语序问题。Comrie,Matthews & Maria(2003:90)也持类似

观点,如果确定一种语言属于 SOV 型、VSO 型或 VOS 型语言,就可以预测该语言其他参项的语序关系。但是,即使确定一种语言属于 SVO 型,我们几乎无法预测该语言中其他参项的语序规律。详见 2.4 节 Hawkins(1983:72)归纳的前置介词语言的语序组配模型。

为方便讨论,我们通过一些具体参项的语序组配及其使用数量统计,来说明 SVO 型语言的语序特别之处。Hawkins(1983)根据 130 种语言样本,重点考察了三对参项:前置介词(Pr)与后置介词(Po)、关系从句(Rel)与中心词(N)、形容词(Adj)与比较基准(St)的组配使用情况之比例关系。具体数据见下表:

表 2-2　SVO 型语言中三对参项的组配比例

组配关系	%
Pr:Po	86%:14%
NRel:RelN	99%:1%
AdjSt:StAdj	98%:2%

从上表,可以获得以下信息,1) SVO 型语言使用 Pr 远多于使用 Po(86%:14%)。2) SVO 型语言使用 NRel 语序相对于 RelN 语序,占压倒性多数(99%:1%)。3) SVO 型语言使用 AdjSt 语序相对于 StAdj 语序,占压倒性多数(98%:2%)。

Dryer(1991)根据 Greenberg(1966)的 30 种语言样本,以 Pr、Po 为参照,统计了它们在 SOV 型、SVO 型和 VSO 型语言中的使用情况。具体数据见下表:

表 2-3　三种类型语言中 **Pr-Po** 的分布情况

介词类型 \ 语言类型	SOV	SVO	VSO
Pr	0	10	6
Po	11	3	0

从上表数据,可以获得以下信息:1) 在 13 种 SVO 型语言中,有 10 种使用 Pr,只有 3 种使用 Po。这种语序分布之不对称性有其理据:"动-宾"(VO)结构造就前置介词(Hawkins 1983;Dryer 1991)。2) 所有 11 种 SOV 型语言均使用 Po。其理据是"宾-动"(OV)结构造就后

置介词(Hawkins 1983；Dryer 1991)。3) 6 种 VSO 型语言均使用 Pr,没有例外。

根据以上信息,可以作如下归纳:SVO 型语言属于介词类型最不"纯洁"的语言,SOV 型语言和 VSO 型语言属于介词类型最整齐划一、没有例外的语言。

Dryer(1991)还统计了一些与"动-宾"(VO)结构表面上看似不相关的参项的语序关系,如形容词(Adj)与名词(N)、指别词(Dem)与名词(N)、副词(Adv)与形容词(Adj)的组配情况。首先来看形容词与名词在 SOV 型、SVO 型和 VSO 型三种语言中的分布情况。具体数据见下表:

表 2-4　三种类型语言中形容词的语序分布情况

语序 \ 语言类型	SOV	SVO	VSO
NA	5	8	6
AN	6	5	0

从上表数据,可以获得以下信息,1) 在所统计的 11 种 SOV 型语言中,有 5 种使用 NA 语序,有 6 种使用 AN 语序。也就是说,SOV 型语言也并非如以往学界公认的那般语序关系整齐划一。2) 在 Dryer(1991)统计的 13 种 SVO 型语言中,有 8 种语言使用 NA 语序,有 5 种语言使用 AN 语序。也就是说,相对于 AN 语序,SVO 型语言倾向于使用 NA 语序。3) 在 Dryer(1991)统计的 6 种 VSO 型语言中,它们均使用 NA 语序,没有例外。这在人类语言中非常罕见,因为形容词与名词的组配是最不稳固的语序之一。

下面来看,Dryer(1991)所统计的 30 种语言样本中,SOV 型、SVO 型、VSO 型语言中指别词(Dem)与名词(N)的语序组配情况。具体数据见下表:

表 2-5　三种类型语言中指别词的语序分布情况

语序 \ 语言类型	SOV	SVO	VSO
NDem	2	6	4
DemN	9	7	2

从上表数据,可以获得以下信息,1)在 11 种 SOV 型语言中,仅有 2 种语言使用 NDem 语序,有 9 种语言使用 DemN 语序。说明,SOV 型语言使用 DemN 语序相对于 NDem 语序具有压倒性优势。2)在 13 种 SVO 型语言样本中,有 6 种语言使用 NDem 语序,有 7 种语言使用 DemN 语序。说明,SVO 型语言中,使用 NDem 语序和 DemN 语序的语言数量相差无几(弱倾向于后者)。3)在所统计的 6 种 VSO 型语言中,有 4 种使用 NDem 语序,有 2 种使用 DemN 语序。即 VSO 型语言使用 NDem 语序相对于 DemN 语序,表现出显著倾向性。

Dryer(1991)还统计了 SOV 型、SVO 型和 VSO 型语言中副词(Adv)与形容词(Adj)的语序关系比例。具体数据见下表:

表 2-6　三种类型语言中副词与形容词的语序关系比例

语序 \ 语言类型	SOV	SVO	VSO
AdvAdj	0	6	2
AdjAdv	10	6	0

从上表,可以获得以下信息,1)在所统计的 10 种 SOV 型语言中,所有语言都使用 AdjAdv 语序,表现出高度齐一性语序关系。2)在所统计的 12 种 SVO 型语言中,有 6 种语言使用 AdvAdj 语序,另 6 种语言使用 AdjAdv 语序。即 SVO 型语言使用 AdvAdj 语序和 AdjAdv 语序表现出二分格局。3)所统计的 2 种 VSO 型语言均使用 AdvAdj 语序。这一点可能并不具有统计学意义。

2.4　重度顺序原则(HSP)及其局限性

重度顺序原则(Heavier Serializaton Principle/HSP)是由 Hawkins(1983)提出的。HSP 认为,轻成分(语素、音节较少,结构简单)倾向于前置,重成分(语素、音节较多,结构较复杂)倾向于后置(Hawkins 1983:72),我们将其归纳为"前轻后重"特征。重成分倾向后置于轻成分在 SVO 型语言中体现的较为明显和突出。其实,重成分倾向后置于轻成分,只是因而不是果。为方便讨论,此处以 Hawkins(1983:75)的前置介词参照点理论为例,来说明其 HSP 的合理性及其依据。所用符号简单说明,Dem 表示"指别词",Num 表示"数词",Adj 表示"形容词",G 表示"领有词",Rel 表示"关系从句"。见下面语序蕴含关系及其分析(引自 Hawkins(1983:75)):

(10) a. Pr & NDem & NNum & NAdj & NG & NRel
　　 b. Pr & DemN & NNum & NAdj & NG & NRel
　　 c. Pr & NDem & NumN & NAdj & NG & NRel
　　 d. Pr & DemN & NumN & NAdj & NG & NRel
　　 e. Pr & DemN & NumN & AdjN & NG & NRel
　　 f. Pr & DemN & NumN & AdjN & GN & NRel
　　 g. Pr & DemN & NumN & AdjN & GN & RelN

从上述 7 条语序蕴含关系,可以看出,1)使用 Pr 的语言几乎均使用 NRel 语序,只有(10g)例外,其使用 RelN 语序。其实,该例外语言正是现代汉语。2)其他参项与名词的组配关系没有表现出显著的倾向性和规律性。

如果删除上述蕴含关系中的共同参项:名词,可以得到如下语序等级关系(符号">"表示"倾向前置于"):

指别词(Dem)>数词(Num)>形容词(Adj)>领有词(G)>关系从句(Rel)

Hawkins 对此给出的解释是,一般情况下,Dem、Num、Adj、G 在音节、长度方面均少于或简单于 N,它们属于轻成分因而倾向前置于 N;只有 Rel 在上述方面一般多于或复杂于 N,属于重成分,因而倾向后置于 N。但是,跨语言证据表明,HSP 的解释力和预测力非常有限,仅限于大部分印欧语言。事实上,HSP 完全无法解释 SOV 型语言、汉语等使用 RelN 语序现象的动因。为方便说明问题,下面以英语为例说明"前轻后重"的语序动因。见下面例示及其分析:

(11) a. people fluent in three languages.
　　 b. a country that has a big population.

上面两句中,关系从句与中心词之间表现为 NRel 语序,符合 HSP 定义的"前轻后重"语序特征。具体来说,定语从句 fluent in three languages 相对于其中心词 people(11a)和定语从句 that has a big population(11b)相对于其中心词 country,确实属于"前轻后重"语序关系。

其实,轻成分倾向于前置,重成分倾向于后置,是果而不是因。也就是说,"前轻后重"语序倾向性并不是上述两句中关系从句与中心词表现为 NRel 语序的动因。也有人(如 Arnold 等 2000)从新旧信息角度解释"前轻后重"的语序倾向性动因。他们认为重成分后置涉及两方面因素:一是新信息倾向后置于旧信息;一是重成分占用较多的短时记忆,后置可以减轻前面处理过程的记忆负担。也就是说,一个语言成分的信息新旧程度、复杂度都影响并制约其前后分布。但是,这种观点仍无法解释为什么信息新旧程度会影响和制约一个成分的前后分布,因为新信息倾向后置于旧信息,同样是果而不是因。

本研究认为,重成分后置相对于前置,还有两大好处:一是可以避免大肚子句。一是可以避免歧义现象。另外,重成分后置还可能涉及句法上的经济性原则。见下面例示及其分析:

(12) a. The industrious people.
     b. The people who are industrious.

上面两句中,定中语序完全相反。(12a)属于 RelN 语序,(12b)属于 NRel 语序。这两种语序表达的语义功能也存在差别。具体来说,(12a)表达两种语义功能,即这种语序关系具有歧义性。具体来说,一是可以理解为"勤劳的人们",即将形容词 industrious 视作非限定性定语(non-restrictive modifier);二是可以理解为"那些勤劳的人们",即把形容词 industrious 视作限定性定语(restrictive modifier)。而(12b)属于 NRel 语序,只有一种语义理解:"那些勤劳的人们"。这种语序不会产生歧义性。由此可以看出,重成分后置还具有消解歧义功能。以上讨论说明,重成分后置很可能不是由于本身结构复杂或包含的信息量大,而是出于避免大肚子句或消除歧义而为之。

其实,"前轻后重"语序倾向性还可以从信息焦点突显原则(Principle of Information-Focus Salience/PIFS)来解释。PIFS认为,突显度高的成分倾向于前置,而突显度低的成分倾向于后置。突显度高的成分往往是指称性或定指性高的成分,如代词、名词。具体来说,例(11a)(11b)的 NRel 语序中,people 和 country 分别被视为强调的信息焦点而前置,定语从句 fluent in three languages(11a)和 that has a big population(11b)被视为补充信息而后置。即 PIFS 致使英语中关系从句表现为 NRel 语序。另外,一个成分的前置抑或后置还可以从可别度领前原则(Identifiability-Leading Principle/ILP)来解释。ILP认为,在其他条件相同的情况下,可别度高的成分倾向前置于可别度低的成分。可别度涉及一个成分的指称性程度或定指性程度。二者之间成正比关系:指称性或定指性越高的成分,可别度越高。有关可别度领前原则的详细讨论,可参见陆丙甫(2005(1))和席建国(2013:

44-47)。篇幅所限,此处不赘。英语中,关系从句表现为 NRel 语序也可从 ILP 角度来解释。具体来说,名词的可别度往往高于关系从句。也就是说,英语使用 NRel 语序是遵循 ILP 的结果。另外,绝大多数 SVO 型语言中形容词定中关系都表现为 NA 语序,也可能是遵循 ILP 的结果。其实,即使是在学界普遍认为汉语属于一律使用 AN 语序的现实面前,人们在口语中也有使用 NA 语序的大量例示,如"衣服,旧的,都捐掉""学生,上课迟到的,都留下"等。通过以上例示及其分析,我们认为,对于重成分后置,PIFS、ILP 可能比 HSP 具有更广泛的跨语言解释力和预测力。

2.5 结语

任何一种语言都有基本语序和非基本语序之别。基本语序往往是指原生性、无标记语序。这种语序制约并影响着非基本语序。非基本语序与基本语序之间往往存在语序和谐关系。基本语序和优势语序的使用频率高于劣势语序。不仅如此,前两者的结构化程度也高于后者。优势语序是指某种特定语序压倒其对应语序的情况。基本语序满足的语序原则和句法条件远高于优势语序。前者的语法关系等级远高于后者。无论是基本语序还是优势语序,都代表着一种语言最多的倾向性语序类型特征。

基本语序和优势语序的语境依赖性程度较低,受到的句法规则制约程度远大于语用—语篇规则。一种语言中的优势语序多与其基本语序之间存在跨范畴和谐关系。不同语言中,优势语序的程度不同。优势语序总是可以出现,而与其相反的劣势语序,只有在与其相和谐的语序也出现的情况下,才出现。劣势语序属于非常规性语序,往往与基本语序之间是不和谐关系。优势语序是多种动因(语序和谐原则、联系项原则、认知语用突显原则等)共同作用的结果。多数情况下,一种语言的优势语序都会与其基本语序之间保持和谐关系。优势语序在复现率方面相对高于其对立语序,在标记度方面相对低于其对立语序,在语用条件方面相对低于其对立语序。优势语序与和谐关系之间存在根本性矛盾,主要是因为优势语序总是不对称的,具有倾向性,多涉及语用因素。而语序和谐总是对称性的,多涉及语义因素。

蕴含关系可以解释为,一种语言中某个语法特征的存在蕴含着另一个语法特征的存在,即前者是后者存在的前提。蕴含共性的本质是劣势形式的存在蕴涵着优势形式的存在。

  跨语言证据表明,重度顺序原则(HSP)的解释力和预测力非常有限,仅限于大部分印欧语言。重成分后置很可能不是由于本身结构复杂或包含的信息量大,而是出于避免大肚子句或消除歧义的原因而为之。对于重成分后置,信息焦点突显原则(PIFS)、可别度领前原则(ILP)可能比重度顺序原则(HSP)具有更广泛的跨语言解释力和预测力。

第三章 英汉句子基本语序的特征、典型性程度差别及其动因

3.0 引言

一种语言的基本语序格局是其区别于其他语言的基因。人类语言中,主语前置于宾语(S-O)的语言所占比例远高于宾语前置于主语(O-S)的语言。一种语言一旦选择和确立了某一种语序为其基本语序,它就会选择与之相和谐的其他参项的组配结构。英汉语言中,主语和宾语语序上存在不对称性,有其动因。两种语言中,不同名词性成分的主语性功能形成等级关系。英汉语言中,句子的主-谓-宾之结构化程度存在差别,有其功能动因。

本章主要讨论以下议题:SOV-SVO-VSO 型语言的语序格局及其蕴含关系(3.1节);英汉语言核心参项的语序格局及其动因(3.2节);英汉"主—宾"语序不对称的动因(3.3节);英汉句子主语的典型性程度比较(3.4节);英汉句子"主-谓-宾"之结构化程度差别及其动因(3.5节)。

3.1 SOV-SVO-VSO 型语言的语序格局及其蕴含关系

一种语言的基本语序格局是其区别于其他语言的基因。主语(S)、谓语(V)和宾语(O)三个核心参项的语序结构化程度往往高于其他非核心参项。前者往往具有很强的语序稳固性,影响并制约着该语言的整体语法面貌。人类语言以 S、V、O 三个核心参项为依据,可以组成 6 种语序格局:SOV、SVO、OSV、OVS、VOS、VSO。大量跨语言调查报告也证明了这一结论。如 Dryer(2005)根据所掌握的 1228 种语言样本,统计了这些语言的基本语序类型,得出了完全相同的结果。上述 6 种类型语言的使用比例统计数据见下表:

表 3-1　人类 6 种类型语言的语序格局及其使用比例(Dryer 2005)

SOV	SVO	VSO	VOS	OVS	OSV	无基本语序
497	435	85	26	9	4	172
40.5%	35.4%	6.9%	2.1%	0.7%	0.3%	14%

从上表,可以获得以下信息,1) 人类语言的类型基于 S、V、O 三个核心参项的组配格局,其中有明确基本语序的语言占 86%(1056 种),无明确基本语序的语言仅占 14%(172 种)。2) 6 种类型语言的占比表现出不平衡性,形成如下等级关系(符号">"表示"数量多于"):SOV>SVO>VSO>VOS>OVS>OSV。即 SOV 型语言在人类语言中的占比最大,SVO 型语言次之,OSV 型语言占比最小。3) 人类语言中,主语前置于宾语的语言(S-O)所占比例远高于宾语前置于主语(O-S)的语言(这其中其实蕴含一条语序共性)。前后之比为 88.3%∶1.2%。4) 人类语言中,SOV、SVO、VSO 型语言所占比例高达 95%。这三种语言中,主语均前置于宾语,而其他类型的语言可以忽略不计。

一种语言中非核心参项的语序组配关系与其主、谓、宾三个核心参项组成的基本语序格局之间存在高度相关性。这种相关性表现为前者与后者之间存在语序和谐关系。一种语言中,保持和谐关系的语序组配属于优势语序,违背和谐关系的语序组配属于劣势语序。一种语言一旦选择和确立了某一种语序为其基本语序,那么它就会选择与之相和谐的其他参项的组配结构。和谐体现对称性,优势体现不对称性。这一原则具有跨语言普遍性。

为方便起见,下面以 SOV、SVO、VSO 三种语言类型为例,讨论其常见参项的语序组配关系。

1) SOV 型语言之诸参项组配格局

SOV 型语言的诸参项组配关系比较纯洁、整齐。见下面具体例示:

(1) SOV 型语言的诸参项组配关系(W. Lehmann 1973):

 a. 名词＋后置介词(NPo)

 b. 领有词＋名词(GN)

 c. 动词＋助动词(VAux)

 d. 关系从句＋名词(RelN)

 e. 形容词＋名词(AdjN)

 f. 比较基准＋形容词(StcomAdj)

第三章
英汉句子基本语序的特征、典型性程度差别及其动因

SOV 型语言之诸参项组配关系表现出如下特征：1）使用 NPo 语序。后置介词是其典型性特征之一。2）使用 GN 语序。这种语序格局常借助特定领有形态标识，标记领有关系。3）使用 VAux 语序。由于动词位于最后，几乎所有的语法功能都通过助动词的形态变化来实现。这种语言的形态变化手段相对比较丰富。4）使用 RelN 语序，通过后缀性形态标识，实现关系化策略。5）使用 StcomAdj 语序。即比较标准前置于形容词语序。

日语属于比较典型性的 SOV 型语言。日语中，所有参项之组配都表现出与上述 W. Lehmann(1973) 所概括的 SOV 型语言的语序格局，完全一致的语序关系，没有例外。具体来说，日语只使用后置介词，如"壁に絵がかけてある"（墙上挂着画），不夹杂前置介词和框式介词。领有词与所修饰的名词之间表现为 GN 语序。具体如"田中さんの车"。日语中，助动词与动词之间表现为 VAux 语序，类似于连动结构（V_1V_2）。日语中，助动词后置于动词没有例外。汉语正好相反，如"打算/想做某事"。日语中，助动词的语法化程度较高，不能独立使用。

SOV 型语言使用 NPo、GN、VAux、RelN、AdjN、StcomAdj 语序，与其 OV 结构之间存在高度相关性：二者之间是和谐关系。后置介词（Po）多来源于方向或方位关系名词，其实是由 SOV 型语言的 GN 语序造就的(C. Lehmann 1992：304)。其实，一种语言使用后置介词与其使用 GN 语序之间存在双向蕴含关系。Greenberg(1966) 的经典语序共性二（GU2）已有概括，"[……]一种语言使用后置介词，那么该语言中领有词几乎总是前置于中心名词"。再者，后置介词位于名词后动词前，能够有效体现其联系项居中功能。即 N＋Po＋Verb 语序相对于 Verb＋N＋Po，属于最经济、简单的组配关系。如果后置介词不在名词与动词之间，那么后置介词就会面临可用和可不用两种选择，这在汉语中表现得尤为突出，如"那人走进巷子（里）了"。而后置介词的可用和可不用，往往还会引起相邻直接成分之间的边界纠葛。如汉语言学界对上句中后置介词"里"的归属问题，一直争论不休。有人认为"里"属于方位词，表示方位关系，与动词之间不存在语义和句法关系。有人认为"里"可有可无，因为连动结构"走进"可以表达完整的处所题元功能，类似于英语中 go into 之用法。后置介词违背联系项居中原则，是要付出代价的。主要表现在两个方面，一是增加语法的复杂度；二是增加受话人处理信息的心理负担。助动词后置于动词并位于句尾，会对一种语言的语法系统造成过多负担，最直接的后果

是该语言中动词所表达的语法功能只能通过助动词的形态变化来实现。这种机制会造成该语言造就出非常复杂、丰富的语法标识手段。关系从句前置于核心名词,也会给交际双方带来心理负担。一是因句法结构趋于复杂,出现语义歧义性;二是增加交际双方处理信息的负担,定语过长会消耗说话人太多精力和能量,而受话人必须仔细听完整个句子,才能理解说话人所要表达的信息。

对比上述第4)和第5)两条语序关系,可以发现,RelN语序与StcomAdj语序在SOV型语言中,相互间存在跨范畴和谐关系。

2) SVO型语言之诸参项组配格局

SVO型语言被认为是SOV型语言与VSO型语言的混合体。既表现出SOV型语言的一些语序特征,同时又具有VSO型语言的一些语序特征。见下面语序组配关系例示:

(2) SVO型语言的诸参项组配关系归纳(Vennemann 1974;Dryer 1992):

  a. 前置词+名词(PrN)

  b. 领有词+中心名词/中心名词+领有词(GN/NG)

  c. 助动词+动词(AuxV)

  d. 名词+关系从句(NRel)

  e. 形容词+名词/名词+形容词(AdjN/NAdj)

  f. 形容词+比较基准(AdjStcom)/比较基准+形容词(StcomAdj)

SVO型语言之语序关系表现出如下特征:1)使用前置介词。但是,根据Dryer(1992)对30种SVO型语言样本的调查和统计,其中有10种使用前置介词,还有3种使用后置介词。也就是说,SVO型语言在使用介词方面表现不一致性。详见表2-3数据统计,此处不赘。2)SVO型语言中,有些使用GN语序,有些使用NG语序,究竟何者为倾向性优势语序,不得而知。在个别SVO型语言中,两种语序还可能共存使用。如英语中,既有GN语序,如Tom's book,也有NG语序,如the book of Tom。两种语序孰优孰劣,难分伯仲(Comrie 1989:91)。前者是古英语的OV语序在现代英语中的残留,后者是拉丁语的VO语序在英语中的迁移。如果以此来对照Greenberg(1966)的经典语序共性二(GU2),其前半部分是这样表述的,"一种语言使用前置介词,那么该语言中领有语几乎总是后置于中心名词",看来有些绝对了。这也许正是后来许多类型学家使用复合式蕴含表达式来概括使用前置介词的语言的语序共性特征的原因之一吧。如 Hawkins(1983:75)根据 Greenberg(1966)的语料样本,以前置介词为参照,归纳不同修饰语与名词的组配模式。详见 2.4 节归纳,此处不赘。3) SVO 型语言使用 AuxV 语序与 SOV 型语言使用 VAux 语序,正好相反。4) SVO 型语言使用 NRel 语序,但现代汉语使用 RelN 语序。在这一点上类似于 SOV 型语言。5) SVO 型语言中,有些使用 AdjN 语序,有些使用 NAdj 语序。其实,使用后一种语序的 SVO 型语言数量还稍多些。根据 Dryer(1992)统计的 99 种 SVO 型语言中,使用 AdjN 语序和 NAdj 语序的语言数量之比为 44:55。另外,有些 SVO 型语言中 AdjN 语序和 NAdj 语序并存使用,最典型的如法语、威尔士语。法语中,le petit prince(小王子)属于 AdjN 语序,le tapis vert(绿地毯)属于 NAdj 语序。威尔士语中,yr hen wlad(古老国家)属于 AdjN 语序,llyfr bach(小说)属于 NAdj 语序。即使是在我们比较熟悉的英语中,也存在 AdjN 语序和 NAdj 语序并用的情况。具体如 fine day、big car,这些属于 AdjN 语序。同时还使用 secretary general、court martial、envoy plenipotentiary 等,以及 something important/interesting、anything wrong、nothing special 等,这些属于 NAdj 语序。我国境内的景颇语,也属于并存使用 AdjN 语序和 NAdj 语序的情况,只是前者相对于后者属于带标记、劣势语序。6) SVO 型语言中,有些使用 Adj+Stcom 语序,有些使用 Stcom+Adj 语序。前者在这一点上与 VSO 型语言相似,后者在这一点上与 SOV 型语言相似。其实,根据 W. Lehmann(1973)、Vennemann(1974)、Dryer(1992)三人的调查报告,SVO 型语言也正是在这两组语序组配关系上表现出不一致性。如英语、德语、法语等仅使用 Adj+Stcom 语序,而汉语同时使用 Adj+Stcom 和 Stcom+Adj 两种语序。前者如"(青出于蓝,而)胜于蓝""(人固有一死,或)重于泰山,或轻于鸿毛",后者如"比他高""比她快"。二者语序上孰优孰劣,可能也难见分晓。

对比上述第 4) 和第 6) 两条语序关系,可以发现,NRel 语序和 AdjStcom 语序在 SVO 型语言中,相互间存在跨范畴和谐关系。

3) VSO 型语言之诸参项组配格局

VSO 型语言之语序关系与 SOV 型语言截然相反。相比 SOV 型、SVO 型语言,VSO 型语言的语序关系最为纯洁、整齐,几乎没有变异和例外现象。见下面语序组配关系例示:

(3) VSO 型语言的诸参项组配关系(W. Lehmann 1973;Venne-

mann 1974;Dryer 1992):

a. 前置词+名词(PrN)
b. 名词+领有词(NG)
c. 助动词+动词(AuxV)
d. 名词+关系从句(NRel)
e. 形容词+名词(AdjN)
f. 形容词+比较基准(AdjStcom)

VSO 型语言表现出如下语序特征:1)使用前置介词。这一点部分上与 SVO 型语言相似。2)使用 NG 语序。这与 SOV 型语言,完全相反。3)使用 AuxV 语序。这种语序表面上看似与 SVO 型语言相同,其实二者在语序分布上,完全不同。VSO 型语言使用 Aux+V+S+O 语序,SVO 型语言使用 S+Aux+V+O 语序。4)VSO 型语言使用 NRel 语序。这与 SVO 型语言,完全相同,但与 SOV 型语言之 RelN 语序完全相反。其实,这种语序对立是由 SVO 型语言和 SOV 型语言之基本语序的 VO-OV 对立,造成的。即 NRel 语序与 SVO 型语言之间存在和谐关系,RelN 语序与 SOV 型语言之间存在和谐关系(Vennemann 1974;Dryer 1992)。5)使用 AdjStcom 语序。这与 SVO 型语言相同,而与 SOV 型语言完全相反。其实,这种语序对立也是由 SVO 型语言和 SOV 型语言之基本语序的 VO-OV 对立,造成的。即 AdjStcom 语序与 SVO 型语言之间是和谐关系,StcomAdj 语序与 SOV 型语言之间是和谐关系(Vennemann 1974;Dryer 1992)。波斯语就属于比较典型的 VSO 型语言。

从以上语言类型之语序关系,可以看出,SOV 型语言和 SVO 型语言均有语序例外情况。为了消除语序关系中的交叉现象,并提高语序共性的准确性和概括力,Hawkins(1983:135)根据 Greenberg(1966)的语料样本,统计了 SOV 型语言中介词、形容词、领有词的语序共性关系。具体数据见下表:

(4)

SOV 型	Greenberg(1966)	Hawkins(1983:135)
a. SOV & Po & AN & GN	28(47.4%)	96(59.3%)
b. SOV & Po & NA & GN	24(40.7%)	55(33.9%)
c. SOV & Po & NA & NG	7(11.9%)	11(6.8%)

从上表数据,可以获得以下信息,1)SOV 型语言中,Po & AN &

GN(4a)语序蕴含关系最具代表性,其次是 Po & NA & GN(4b)语序蕴含关系。2)SOV 型语言中,Po & NA & NG 语序蕴含关系最少见。

不仅如此,Hawkins(1983：135)还依据 Greenberg(1966)的语料样本,统计了 SVO 型语言中介词、形容词、领有词的语序共性关系。具体数据见下表:

(5)

SVO 型	Greenberg(1966)	Hawkins(1983：135)
a. SOV & Po & AN & GN	21(65.6%)	56(70.0%)
b. SOV & Po & NA & GN	8(25.0%)	17(21.2%)
c. SOV & Po & NA & NG	3(9.4%)	7(8.8%)

从上表数据,可以获得以下信息,1)SVO 型语言中,Pr & NA & NG(5a)语序蕴含关系最具代表性,其次是 Pr & AN & NG(5b)语序蕴含关系。2)SVO 型语言中,Pr & AN & GN(5c)语序蕴含关系最少见。这与 SOV 型语言完全相反(见上面(4a))。现代汉语及其诸北方言就属于这种极少见语序蕴含关系。

另外,Hawkins(1983：135)还依据 Greenberg(1966)的语料样本,统计了 VSO 型语言中介词、形容词、领有词的语序共性关系。具体数据见下表:

(6)

VSO 型	Greenberg(1966)	Hawkins(1983：135)
a. SOV & Po & AN & GN	19(76.0%)	38(73.1%)
b. SOV & Po & NA & GN	8(20.0%)	13(25.0%)
c. SOV & Po & NA & NG	1(4.0%)	1(1.9%)

从上表数据,可以获得以下信息,1)VSO 型语言中,Pr & NA & NG(6a)语序蕴含关系最具代表性,其次是 Pr & AN & NG(6b)语序蕴含关系。2)VSO 型语言中,Pr & AN & GN(6c)语序蕴含关系最为少见。这与 SVO 型语言完全相同(见上面(5c))。也就是说,VSO 型语言中使用 Pr & AN & GN 语序蕴含关系最不典型。

3.2 英汉语言核心参项的语序格局及其动因

可别度领前原则(陆丙甫 2005(1))认为,包含较多题元信息的名词倾向前置于题元信息较少的名词。信息焦点突显原则认为,具有最高语用焦点突显(focal salience)的名词倾向前置于语用焦点突显较低的名词。话题领前原则认为,话题性程度高的名词倾向前置于话题性程度低的名词。英汉语言中,名词性主语前置于宾语属于优势语序,只是程度不同。英语中,SVO 句式属于绝对优势语序;汉语中,SVO 句式属于相对优势语序,皆与上述原则有关。其实,这反映出一条语序共性:"在使用名词作主语和宾语的陈述句中,优势语序几乎总是主语前置于宾语"(Greenberg 1966)。英汉语言中,主语前置于宾语为优势语序,主要基于以下动因:

1) 具有心理现实性

英汉语言的句法结构与我们认知客观世界的基本规律具有同构性,这一认知规律对英汉语言的结构化方式,具有广泛的现实意义。完形心理学认为,人类对空间关系的识解是建立在"图形—背景"理论(Figure-Ground Theory)的突显原则(Principle of Prominence)基础之上的。人们总是把感知、视觉中最关键、最重要的图形作为信息焦点突显出来,而把图形依据的背景作为认知参照点予以淡化。通常情况下,图形具有这样一些主要特征:突显程度高、不可立即被感知、依赖性强、不易预测等。而背景具有正好相反的特征:突显程度低、能立即被感知、独立性强、易预测(Ungerer & Schmid 1996)。Langacker(1991:120)的"射体-(关系)-界标"理论认为,交际主体(Viewer/V)根据某一事件构建一个认知域(cognitive domain/CD),相当于舞台表演区(onstage region)。在这个认知辖域内,说话人通过心理扫描,构建一个主要焦点突显(E1)与其背景之间的空间关系(E2),即认知参照点(reference/R)。这一心理过程可以概括为一个动态性的"射体(tr)→界标(lm)"指向关系(profiling relationship)。具体图示如下:

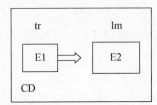

图 3-1 "射体→界标"指向关系

第三章 英汉句子基本语序的特征、典型性程度差别及其动因

上述认知过程与我们认识事物的视角密切相关,是一条通用的定义(a universally applicable definition)(Taylor 2007:165),符合人类识解客观世界的理想化认知模型(ICM)。"图形－背景"分离原则不仅是人类识解空间关系的原则,也是人类组织概念信息的基本原则。英汉语言的概念化方式也完全符合这一认知规律。见下面英汉例示及其分析:

(7) a. The bicycle is beside the house.

　　b. Beside the house is a bicycle.

(8) a. 书在桌子上。

　　b. 桌子在书下。

上面两组句子的概念化方式体现英汉民族识解空间关系的"图形－背景"突显原则,可以抽象为如下格式:X is beside Y(7a)/beside Y is X(7b)和"X 在 Y 上"(8a)/"Y 在 X 下"(8b)。具体来说,英语句子(7a)中 bicycle 对应于图形,house 对应于背景,bicycle 和 house 的方位关系通过介词 beside 表征为 X is beside Y 语序关系。(7b)中,house 对应于图形,bicycle 对应于背景,house 和 bicycle 的方位关系通过介词 beside 表征为 beside Y is X 语序关系。(7a)相对于(7b),因识解方式具有更多完形特征,属于无标记语序。(7b)相对于(7a),因识解方式具有较少完形特征,属于带标记语序。下面来看汉语(8a)(8b)的结构化方式。(8a)中,"书"对应于图形,"桌子"对应于背景,"书"和"桌子"的方位关系通过介词"上"表征为"X 在 Y 上"语序关系。(8b)中,"桌子"对应于图形,"书"对应于背景,"桌子"和"书"的方位关系通过介词"下"表征为"Y 在 X 下"语序关系。(8a)的识解方式相对于(8b),更加符合汉民族的理想化认知模型,因此结构上属于无标记语序。相对而言,(8b)因不符合汉民族的理想化认知模型,属于带标记语序。从以上例示及其讨论,可以得出以下结论,1) 人类对同一客体、事件情景的描述方式的不同反映了说话人语用意识上突显信息焦点的不同。越是符合常规识解方式的编码结构,其句法标记度越低(席建国 2008)。2) 空间中的"图形－背景"关系有时是可以互换的。3) 人类认知上带有标记性的规律,其概念化方式也带有标记性。4) 人类语言中,主语与宾语语序上的不对称性具有广泛的心理现实性。

2) 具有语序相似性特征

英汉语言主语和宾语的语序与其语义题元功能之间存在对应关系。施事题元倾向于前置于受事题元,主要是因为前者作主语具有更多

的施事原型特征,受事题元倾向于作宾语主要是因为其具有更多的受事原型特征。这句话也可以从另一个角度表述为,参与角色越靠近能量源,就越倾向于作主语,施事属于参与角色中比受事具有更多能量源的一方。也就是说,主语倾向前置于宾语本质上体现了语序相似性原则。即句法结构与事件框架之间存在的相似性关系。具体见下面英汉例句及其分析:

(9) John bought a new car.

(10) 小王在吃冰激凌。

上面两句中,句子所涉及的两个名词的施事/受事题元角色不同。具体来说,句(9)中John所具有的施事功能强于car。因此,前者相对于后者更倾向分布于主语位置,而car更倾向分布于宾语位置,形成John-car这种"施事—受事"语序关系。句(10)中,人称名词"小王"所具有的施事功能远强于无灵名词"冰激凌"。因此,"小王"相对于"冰激凌"更加倾向分布于主语位置,而"冰激凌"更加倾向分布于宾语位置,形成"小王—冰激凌"这种"施事—受事"语序关系。这层意思也可以用Croft(1990/2003:179)的话来概括,即前者因具有更多的原型主语的典型性语义特征而倾向分布于主语位置,而后者因具有更多原型宾语的典型性语义特征而倾向分布于宾语位置。这其中,其实也隐含着语序相似性关系。

3) 基于可别度领前原则

可别度(identifibility)是指一个概念的定指性或指称性程度。一个概念的可别度与其定指性或指称性程度之间成正比关系。可别度领前原则(陆炳甫 2005;席建国 2013:44-54)认为,在其他条件相同的情况下,可别度高的成分倾向前置于可别度低的成分,具有跨语言普遍性。英汉语言中,可别度高的名词相对于可别度低的名词往往倾向分布于句子的主语位置,而可别度相对较低的成分倾向分布于句子的宾语位置,造成英汉句子出现"前主语—后宾语"的语序不对称现象。见下面英汉例句及其分析:

(11) Thomas broke the window.

(12) 三个人吃了一锅饭。

上面英汉句子中,主语位置的名词与宾语位置的名词表现出"前主语-后宾语"不对称性,其实与前后名词的可别度差别有关。具体来说,句(11)中人名Thomas前置于名词window,形成Thomas-window(11)这种施事功能"前高后低"的语序关系,主要是由于前者的可别度高于后者所致。当然,句(11)也可因特定语用功能表达,转换为被动语态,形成 window-Thomas 语序。但是,其被动语态相对于主动语态(11),属于带标记语序。人类语言中,被动语态相对于主动语态属于带标记语序,具有普遍性(Croft 1990/2003:156)。句(12)中,名词"三个人"前置于"一锅饭",形成"三个人——一锅饭"这种施事功能"前高后低"的语序关系,也主要是由于前者的可别度高于后者所致。当然,汉语中也存在与句(12)语序完全相反的表达法,如"一锅饭吃三个人",即 OVS 语序。但是,OVS 语序相对于句(12)之类 SVO 语序,属于带标记语序(详见 3.5.2 节讨论),主要是因为这种语序违背了可别度领前原则。另外,上述两句中前后名词 Thomas-window、"三个人——一锅饭"语序上还表现出生命度"前高后低"不对称性。即一个名词的前后位置分布倾向性还与其生命度高低有关。生命度领前原则(Animated First Principle/AFP)(Tomlin 2001/2010:103)认为,"及物性小句中,生命度高的名词前置倾向性大于生命度低的名词"。生命度领前原则(AFP)具有跨语言普遍性。详见下面 3.3 节或陆炳甫(2005)、席建国(2013:44-54)讨论。即上面句(11)(12)属于无标记语序,还与它们语序上遵循生命度领前原则(AFP)有关。

3.3 英汉"主-宾"语序不对称的动因

Greenberg(1966)的语序共性一(GU1)认为,"带有名词性主语和宾语的陈述句中,优势语序中几乎总是主语位于宾语之前"。人类语言中,主语和宾语之间语序上存在不对称性,有其动因。一个名词性成分倾向于作主语还是作宾语,与其施事性或主题性程度高低有关。施事性/主题性程度高的成分倾向分布于主语位置,施事性/主题性重合的名词性成分作句子主语的倾向性最高(Comrie 1989:107)。一个名词性成分倾向于作主语还是作宾语,除了受到施事性因素和话题性因素的制约外,还受到所含信息量因素的影响。信息量是指说话人假设一个名词性成分所含的信息对于受话人理解其话语的所指程度。一般情况下,信息量大和主题性高的名词性成分倾向前置于信息量小和主题性低的名词,信息量大和主题性程度高的成分倾向分布于主语位置。即信息量、主题性多寡与主语之间存在对应关系(Tomlin 1986:48)。另外,一个名词性成分作主语抑或宾语还与其生命度强弱有关：生命度高的名词倾向领前于生命度低的名词(Tomlin 1986：48)。可以分解为具有对应关系的两个等级：生命度等级(A)和语义角色等级(B)。

（A）生命度等级(符号">"表示"生命度高于")

人称名词＞其他动物名词(animal noun)＞无灵名词(inanimate noun)

（B）语义角色等级(符号">"表示"语义角色高于")

施事(agent)＞工具(instrument)＞对象/与事(benefactive/dative)＞受事(patient)

（A）式可作如下解读，位于等级链左边的名词，生命度高于右边的名词。具体来说，人称名词的生命度最高，其他动物名词的生命度次之，无灵名词的生命度最低。这里的人称名词还包括人称代词。即使是在人称代词中，第一、第二和第三人称代词的生命度也存在差别。其中，前两者的生命度高于第三者，主要是因为它们具有的语义特征束(cluster of semantic features)值最大，也最多。可以概括为以下几个具体方面，高人称性(high personness)、高指称性(high referentiality)、高生命度(high animacy)和高定指性(high definiteness)。人称代词编码的是人类认知的高可及性事物，本质上具有高突显性(high salience)或高话题性(high topicality)特征(Ariel 1990)。相对而言，第三人称代词具有的语义特征束值较小，只涉及指称性和定指性两项。第三人称代词在生命度方面有时不明确，有些既可以指称人类，也可以指称事物。只有在指称人类时，第三人称代词才具有生命度。人类语言中，代词、指人名词处于施事性等级关系连续统的顶端，它们具有最多、最典型的作句子主语的句法和语义功能特征。其实，国内已有学者，如 Chao(1968)、朱德熙(1982)，早就注意到了汉语句子中，位于主语位置的名词性成分和位于宾语位置的名词性成分在语义功能方面存在差别，以及这种差别致使担任主语和宾语的名词性成分之间存在语序不对称现象。

生命度等级关系(A 式)已获得大量跨语言事实验证，具有跨语言普遍性。生命度与定指性在主角色方面往往是加强、重叠关系，而在宾语角色的格标记中互动性最强，因为生命度低是宾语角色实施格标记的动因，这又与定指性程度发生冲突。具体到主语角色和宾语角色的位置倾向性，可以说生命度等级其实体现的是一个具体名词因生命度高而表达及物动词的施事功能的语义自然性(semantic naturalness),或者是一个具体名词因生命度低而表达及物动词的受事功能的语义自然性(Silverstein 1976:113)。这层意思还可用更直白的方式表述为,指称人类的名词更倾向于作自然施事,而非人类名词或无灵名词更倾向于作自然受事。而位于二者之间的名词性成分,如不太自然的施事往往是带标记性的作格形式,而不太可能的受事往往是带标记性的宾格(Croft 1990/2003)。具体到代词方面也同样适用,如在所有人类语言中第一/第二人称遵循宾格匹配关系,而第三人称表现出作格匹配关系或通格匹配关系。这一点可以通过标记度等级(markedness hierarchy)(Croft 1990/2003:156)关系来检验,如生命度高、定指性强的成分往往属于无标记项,而生命度低、定指性弱的成分往往属于带标记项。

(B)式可以作如下解读,位于等级链左边的名词,语义角色等级高于右边的名词。具体来说,施事名词的语义角色等级最高,工具名词的语义角色等级次之,受益(benefactive)/对象(dative)名词的语义角色等级排序第三,而受事名词的语义角色等级最低。即一个名词的语义角色等级与其可及性等级(accessibility hierarchy)之间存在正相关性:位于语义角色等级高端的名词,其可及性等级也高;位于语义角色等级低端的名词,其可及性等级也低。有关名词的可及性等级的详细讨论,可参见本书4.7节。

生命度等级与语义角色等级之间存在对应关系。但是,当两个等级关系发生冲突时,后者(语义角色等级)优先于前者(生命度等级)(Tomlin 1986:106-107)。这是因为,1)生命度等级的确定涉及较多的主观因素,且具有一定的相对性。如"小王"与"那个人"、John 和 this lady 两对名词中,何者的生命度更高,可能完全依赖于主观判断。另外,仅凭生命度高低来判定一个名词作主语的倾向性高低或可能性大小,也具有主观性。此外,一个成分在句中作主语还是宾语,还与语境因素、语用和语篇功能表达有关。如在"我的猫"和"我的书"、your dog 和 your car 两对名词中,前者属于有灵名词,后者属于无灵名词。前者的生命度高于后者,没有任何异议。但是,在实际语言使用中何者作句子主语的倾向性更大,可能很难量化。但有一点基本可以肯定,那就是在生命度等级中,人称代词和人称名词相对于其他名词,前置作主语具有压倒性优势,是最可靠的。但是,就动物名词和无灵名词比较而言,何者作句子主语的前置倾向性更大,可能很难判定,因为这两类名词作主语抑或宾语往往还涉及一些其他方面的因素。2)语义角色等级相对比生命度等级更具概括力和包容性。主要是因为,语义角色等级最高的施事名词一定是生命度最高的名词,语义角色等级最低的受事名词一定是生命度最低的名词。英汉语言中,施事相对于受事,因生命度高具有更强的作主语倾向性。因此,施事名词总是倾向于作主动语态句子或陈述句的主语,而受事名词更倾向于作动词的宾语。只有在一些特定语境条件下,如被动语态中,受事名词才位于主语位置。当然,这种语序关系相对于其主动语态更加复杂,且属于带标记性语序(Croft 1990/2003:156)。

3.4 英汉句子主语的典型性程度比较

最典型的主语是"施事加话题的重合"(Comrie 1989:107),最典型的宾语属于受事和无灵名词的重合。后者与 Croft(1990/2003:179)的观点,典型的宾语是生命度低(low animacy)和定指性低(low definiteness)重合的名词,本质上是一致的。生命度等级与格标记之间存在冲突关系,生命度高的成分作主语,句子的标记度低;生命度低的成分作主语,句子的标记度往往较高。

人类语言中,不同名词性成分的主语功能表现出如下等级性(符号">"表示"主语性等级高于"):

第一/二人称代词>第三人称代词>人称名词>指称人类名词>有灵名词>无灵名词(Dixon 1994:10)

上述主语性等级其实与 Comrie(1989:107)的生命度等级之间存在对应关系。生命度高的名词性成分相对于生命度低的成分更倾向于作主语是因为,从生命度高的成分角度来谈论一个事件相对比从生命度低的成分,显得更加自然。或者说,高生命度实体相对于非人类或无灵实体更倾向于充任言语行为的发起者。这背后其实反映的是交际者的视点功能(viewpoint function),如致使言语行为的发起者,与人类而非动物或无灵名词联系更加紧密或建立更多亲情关系。主语性等级可以视为一个包含程度不同的由自我中心主义(egocentrism)的名词性成分组成的同心圆。见下图所示:

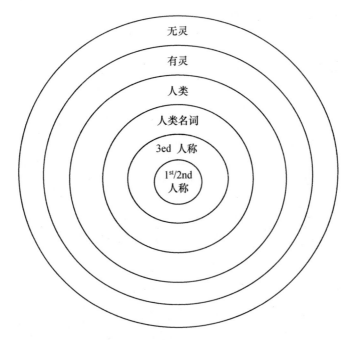

图 3-2 "自我中心主义"同心圆

上图可作如下解读,1) 第一/二人称代词位于同心圆中心位置,主要是因为这类成分的生命度最高。无灵名词位于同心圆的最边缘位置,主要是因为它们的生命度最低。2) 一个名词性成分的主语性功能与其位于同心圆中心位置的距离成正比关系:越靠近中心位置,其主语性功能越强;越远离中心位置,其主语性功能越弱。

屈承熹(2005:6)根据其研究,概括出三条英语句子的主语性等级判别标准:1) 出现在动词之前。2) 动词形式上有与之相对应的形态标记。3) 与动词有 doing 或 being 关系。这三条标准往往是同时运作,相互配套使用的。由于位于主语位置上的成分非常复杂,有些成分不能同时满足上述三条标准,因此其跨语言普遍性和解释力不强。主要缺陷例举如下,1) 这一定义没有对主语成分本身的句法功能和语义功能进行规定,无法解释英语中有些句子的语序关系,如存现句(There is/are Tom and Jane)、中动句(The door opened)以及 She is easy to please 之类句式。2) 不具有跨汉语普遍性。如无法解释汉语中用两种完全不同的语序表达相同/相似语义功能的句子中,位于主语位置上的名词性成分在施事性、话题性方面存在巨大差别的原因,具体如"一辆车坐四个人"(特殊方式分配句)、"一锅饭吃三个人"(容纳句)等。有关特殊方式分配句的句法-语义功能特征的详细讨论,可参见席建国(2016)。篇幅所限,此处不赘。

朱德熙根据汉语句子中主语与谓语的功能关系和性质,提出汉语句子主语的判别标准,"判定一个句子中位于动词前的成分是否是主语,可以根据其与后面的动词之间是否存在主谓关系。二者之间如果存在主谓关系,那么前面的名词就是主语"(朱德熙 1985:30)。这一判别标准尽管很具体、概括性也较强,但也存在一定缺陷,1)无法客观确定主谓关系。因为不同名词作主语的题元角色和句法功能不同,同一名词与不同动词搭配,其主谓关系也不同。即主谓关系受多种因素的制约。如"今天下雨""车离开了"之类句子中,主谓关系并不明确,因而主语也不易确定。2)语种局限性较大。如无法对除了汉语之外的其他语言进行操作。如无法统一解释英语中诸如存现句(There is/are Tom and Jane over there)、无灵主语句(The key opened the door)、中动句(The door opened)之类句子的主谓关系及确定句子的主语。从以上讨论,可以看出,仅从主谓关系而不注重"施事性""可别度""生命度"等语义因素判断句子的主语,难免挂一漏万。这正是近年来不少语言类型学家从原来仅重视句法功能分析,转向不断重视结合认知语义功能,判断句子主语的原因。

英语中,句子主语的典型程度根据其施事性程度高低,形成一个等级关系。见下面例示及其分析(为方便讨论,此处用 A 表示"施事",用 T 表示"话题",用 Ins 表示"工具",用 P 表示"受事"):

(13) John opened$_1$ the door. (A+T)

(14) The key opened$_2$ the door. (Ins+T)

(15) The door opened$_3$. (P+T)

上面三句中,位于句首的名词表达的主语题元功能之典型性程度不同。其中,人称名词 John(13) 属于"施事+话题"(A+T)型,具有的主语题元功能最多、也最典型;工具名词 The key(14) 属于"工具+话题"(Ins+T)型,具有的主语题元功能次之;受事名词 The door(15) 属于"受事+话题"(P+T)型,具有的主语题元功能最少。上述三个句子主语的题元功能之典型程度,形成如下等级关系(符号">"表示"主语题元功能高于"):A+T>Ins+T>P+T。删除公约数 T,得到如下简化式:A>Ins>P。为什么同为无灵名词,The key 具有的主语题元功能之典型性程度高于 The door? 我们认为,可以从以下两方面来解释,动词 open 在例(14)中用作二价动词,该动词涉及的两个论元为 The key 和 the door,只是前者 The key 具有的施事性论元角色很弱。例(15)中,动词 open 用作一价动词,该动词所涉及的论元只有 The door,致使其失去施事性论元角色,以致例(15)之类句子被称为中动结构(middle construction)。也就是说,一个名词性成分的施事性论元角色强弱取决于其谓语动词的行为性强弱,二者之间存在对应关系。即行为性强的动词作主语,其主语的施事性论元角色强,宾语的受事性论元角色也强;行为性弱的动词作主语,其主语的施事性论元角色弱,宾语的受事性论元角色也弱,甚至无需宾语。上述三句中动词 open 的行为性也存在强弱之别,形成如下等级关系(符号">"表示"行为性强于"):$open_1 > open_2 > open_3$。以上讨论说明,一个名词适合于作主语还是作宾语,不仅与其本身所具有的作主语还是作宾语的典型性程度有关,同时还与支配主谓关系和动宾关系的动词的句法行为有关。行为性越强的动词,要求的主语施事性越强,要求的宾语受事性越强;行为性越弱的动词,要求的主语施事性越弱,以致可以要求宾语不出现。后者其实涉及一定程度的作格化问题。有关作格化问题的详细讨论,可参见本书 6.6 节。以上分析和讨论说明,英语句子中主语与宾语之间存在显著的左右不对称关系。

Tomlin(1986)以 402 种语言为样本,统计了 S、V、O 三个核心参项与 VO 之间的组配关系比例。其中,可验证的动词前置于宾语的语言数量和比例例表如下:

表 3-2 VO 型语言的数量及比例

语言类型	数量	占样本比例	占 VO 型语言的比例
SVO	168	42%	77%
VSO	37	9%	17%
VOS	12	3%	6%

从上表,可以获得以下信息,1) SVO 型语言的数量远多于 VSO 型和 VOS 型语言,比例为 77%∶23%(17+6)。2) 上述三种 VO 型语言中,一种语言的所占比例与其主语右向位置分布之间存在反比关系。主语的位置分布越向右,一种语言的所占比例越小,并表现出如下等级关系(符号">"表示"所占比例大于"):SVO>VSO>VOS。

Hawkins(1994:329)将 SVO 组配视为基本语序预测标准(Basic Order Predication)。英语中,句子的主语表现出较多的"施事+话题重合"原型特征,致使英语被称为"主语突显型"(subject-prominent)语言。加之,英语动词的作用方向多表现为右向性,致使英语句子的作格化(ergativization)程度很低,而且英语使用施事名词作句子主语的情况远多于用受事名词作主语(除因语体或出于语用—语篇功能表达,使用被动语态的情况)。英语中,受事名词作主语相对于施事名词作主语,往往被视为特殊句式或带标记句式。英语中,主语的突显性程度高,动词的去及物化(detransitivization)能力低,严重制约着英语的作格化程度。

相比英语,汉语属于话题突显型(topic-prominent)语言,句子对其主语的施事性功能要求不像英语那样强烈。汉语中,许多非施事名词,甚至受事名词也常因话题功能、语用-语篇功能表达位于句首位置。如大量出现"受事-动词"(OV)句式、状语前置(SXVO/XSVO)句式和"把"字结构,使汉语表现出 SVO-SOV 混合型语序特征①。见下面例句及其分析(T 表示"话题",V 表示"动词",O 表示"宾语"):

(16) 衣服洗了。　　　　　　(中动句:TV)
(17) 这种水果好吃。　　　　(作格句:TV)
(18) 墙角放着一盆花。　　　(存现句:TVO)
(19) 前几天,走了一个同事。 (话题句:TVO)
(20) 头发啊,老王全白了。　 (话题$_1$-话题$_2$:$T_1 T_2 V$)

上述五个句子中,位于句首位置的成分都不具有施事功能,也不表达主语性题元功能,它们在句中并非作主语,而是作话题(T)。具体来说,例(16)属于中动结构(TV),位于句首的名词"衣服",作话题而非主语。例(17)属于作格结构(TV),位于句首的名词"这种水果",作话题而非主语。例(18)属于存现句(TVO),位于句首的方位名词"墙角",作话题而非主语。例(19)属于话题句(TVO),时间性成分"前几天"位于句首,作话题而非主语。例(20)属于双话题句($T_1 T_2 V$),位于句首的名词"头发啊"属于主话题,其后的名词"老王"属于次话题,二者在句中均不作主语,而是一种复指话题化现象。语气助词"啊"是汉语中的话题标志。

话题与主语的区别在于,1) 话题属于语义或语用范畴,主语属于

---

① 金立鑫、于秀金(2012)以类型学中与 OV-VO 语序类型相关的 13 对参项组配为参照,考察了现代汉语普通话的语序类型。研究发现,10 组相关参项组配中,普通话有 4 组兼有 OV 和 VO 组配,有 3 组倾向于 OV 组配,3 组倾向于 VO 组配。也就是说,普通话属于 OV-VO 混合型语言(极弱地倾向于 VO 型语言)。

第三章 英汉句子基本语序的特征、典型性程度差别及其动因

语法范畴,二者属于不同语法范畴。2)话题与主语只是一个程度问题,二者之间的界限有时很难界定,往往需要根据具体语境而定,如主谓关系等。不同语言的话题化程度不同,话题与主语之间的接口程度往往因语言而异。如在汉语中属于话题的成分,在英语中并不具有对等关系;在英语中属于主语的成分,在汉语中一定具有对等关系。

话题在汉语中的表现,非常复杂,至今仍有争议。如朱德熙(1985:39)认为,"一个语言成分算不算话题,可以引起无穷无尽的争论"。当然,朱德熙(1985:39)并非是要否认话题这一概念及其存在,只是想说明这一问题确实非常复杂。屈承熹(2005:7)对话题的属性提出以下看法,包括五个方面,1)具有名词性;2)具有字句之间的连接功能;3)具有指称性或特指性(specificness);4)出现于句首;5)与动词没有"主—谓"或"述—宾"关系。

汉语甚至使用一些语序非常极端的句式,如将受事名词前置于施事名词,介引句子。见下面例示及其分析(为方便讨论,此处从语法角度来标识下面句子中名词和动词的句法关系,用 S 表示"主语",用 V 表示"谓语",用 O 表示"宾语"):

(21)一匹马骑两个人。(OVS/特殊方所分配句)

(22)一锅饭吃三个人。(OVS/容纳句)

上述两个句子皆由受事名词介引,句法上表现为 OVS 语序,动词"骑"(21)、"吃"(22)不表示词汇义。具体来说,例(21)属于特殊方所分配句,表达"某方所'要分配'某数量的人/物"构式义。例(22)属于容纳句,表达"某容器容纳了一定数量的人食用的食物"构式义。这种构式义具有整体性,其构式压制功能致使动词"骑"(21)、"吃"(22)分别衍生出"分配""容纳"构式义。这种意义具有临时性和语境依赖性(席建国 2012)。以往有学者,如潘海华(1997)、顾阳(1999)、蔡维天(2005)等,运用轻动词理论(Light Verb Theory)来解释例(21)、(22)之类句式的句法关系。他们认为,上面句子仍然属于"主语-谓语-宾语"结构,只是语义结构转换成了"受事-动作-施事"关系。此处以(22)为例进行讨论:

(22) a'. 一锅饭[受事]吃$_j$ V 三个人[施事] t_j。

⇑

b'. 一锅饭[受事] V[供/够] 三个人[施事]吃。

生成学派对例(22)的生成作如下解读：句(22a)是通过两次移位操作产生的,即由原来的"三个人吃一锅饭"这种"主语-谓语-宾语"结构,通过第一次移位操作,发生"一锅饭三个人吃"(22b)句式转换,这种结构属于中间过程。然后通过第二次移位操作,发生"一锅饭吃三个人"结构转换。他们认为,通过上述两次移位操作,完成了两项任务：1)发生了句法结构转换,实现了事件框架转换,如由原来的"施事-动作-受事"事件框架转换成了"受事-动作-施事"事件框架。2)随着宾语的前移,动词"吃"的句法行为和作用方向不断减弱,由强行为动词变成了弱行为动词,即轻动词。

我们认为,上述解释存现以下缺陷,1)将"一锅饭吃三个人"分析为"主语-谓语-宾语"结构,只是从句法规则的转换机制角度作出的解释。这种处理方式没有考虑"一锅饭吃三个人"之类句式的概念化所涉及的认知语用基础。2)如果将"吃"仅仅解释为由行为动词变成了弱向轻动词("供/够"),那么位于句首的无灵名词"一锅饭"就不属于受事,而位于句尾的有灵名词"三个人"也不应该属于施事。上述分析没有说清楚弱向轻动词"吃"的"供/够"义与行为动词"吃"之间的语义差别,因为如下两例"吃人"和"吃饭"中前后两个动词"吃"的语义功能,显然不同。其实,上述几位学者用"供/够"来描写动词"吃"的轻动词语义功能,显然带有构式语法的痕迹(有关构式的语义压制机制的运作原理的讨论,可参见本书 6.6.2 节,此处不赘)。但是,这种描写对于行为动词"吃"是如何通过句法转换,生成其轻动词"供/够"义的机制,解释的不够深刻也不够全面。

从以上讨论,可以看出,1)英汉语言对受事、工具、对象等成分作句子主语的容忍度不同：汉语远高于英语。为方便讨论,我们将英汉语言中不同语序关系句子的对应程度,归纳如下：

英语：	汉语：
SVO	SVO
??OSV	OSV
—	SOV
—	OVS

从上述对应关系,可以看出,1)英汉语言都使用 SVO 句式。2)英汉语言对 OSV 语序的容忍度不同,英语对 OSV 语序的容忍度较低,汉语不仅对 OSV 语序有较高的容忍度,而且对 SOV 语序也有较高的容忍度,甚至能够容忍 OVS 语序。以往有学者(如 Chao 1968)

认为,"汉语有一种强烈的趋势,主语所指的事物是有定的,宾语所指的事物是无定的"。朱德熙(1982)也持类似看法,认为"汉语有一种很强的倾向,即让主语表示已知的确定事物,而让宾语去表示不确定的事物",看来不够客观。其实,其他语言中句子的主语相对于其宾语,可能表现出更高的定指性。3)介引英汉句子的名词具有的主语原型特征多寡不同,英语在这方面的要求远高于汉语。4)上述差别对于英汉动词的句法行为也有影响:英语由于主语化程度较高,致使其动词表现出作用方向右向性,并遏制其作格化程度以及较好地维持了英语的SVOX(X表示"附加语")语序。汉语由于主题化程度较高,致使其动词作用方向弱化,并致使其作格化程度提高以及附加语、状语从句(特别是"把"字句)前置于动词。

3.5 英汉句子"主-谓-宾"之结构化程度差别及其动因

3.5.1 英语句子"主-谓-宾"之结构化程度及其动因

英语句子的"主-谓-宾"语序主要受制于句法规则,结构化程度较高,对语用-语篇功能等因素之影响不甚敏感。此外,"主-宾"位置对论元有比较严格、明确的题元功能要求:主语位置要求名词具有更多的施事性和主题性功能,宾语位置要求名词具有较多的受事性功能和低生命度,谓语位置要求动词具有左向作用行为和比较明确的语义功能。这些因素共同作用,致使"主-宾"位置的名词句位比较稳固,不能轻易发生位移。另外,可能还与"主-谓"句法形态关系保持一致(谓语动词与主语保持"数量"一致)以及"动-宾"语义搭配关系(即语义韵①)有关。见下面例示及其分析:

(23) I like this book. (SVO 语序)

(24) ?This book, I like it. ($O_1SVO_2$② 语序)

---

① 语义韵(semantic prosody)这一术语是 Sinclair(1991)首先使用的。所谓语义韵是指词项的搭配行为可显示一定的语义趋向:一定的词项会习惯性地吸引某一类具有相同语义特点的词项,构成搭配关系。由于这些具有相同语义特征的词项与关键词项在文本中高频共现,后者就被"传染"上了有关的语义特征,整个语境内就弥漫了某种语义氛围,这就是语义韵。语义韵大体可分为积极(positive)、中性(neutral)和消极(negative)三类(Sinclair1991)。

② O_1 表示"话题",O_2 表示"宾语"。二者必须具有同指性。

(25) * I, this book like. （SOV 语序）

上面三句的语序各异,只有例(23)这种 SVO 语序完全合乎语法,例(24)这种 O_1SVO_2 语序带有很高的句法标记度,例(25)这种 SOV 语序根本不合语法。在可接受性程度方面,上述三种语序结构表现出如下等级关系(符号">"表示"可接受度高于"):(23)>(24)>(25)。即 SVO>OSV>SOV。也就是说,OSV、SOV 语序在英语中表现出高度的句法标记性。这与汉语的情况完全不同(详见下面 3.5.2 节讨论)。英语中,一种语序的句法标记度与其偏离 SVO 语序的程度相关:偏离的程度越大,其句法标记性越高。

上面三句无论是哪种语序,其中的核心参项的句法功能和语义角色都是明确不变的。即使是在特定语境条件下,因强调宾语而使用的 OSV 倒装语序中,位于句首的名词仍然是句子的宾语,而不是主语或话题。其实,学界以往对这种特殊语序现象已有讨论。见下面例句及其分析(引自 Whaley 1997:80):

(26) ?Mutton, I don't like. （OSV）
(27) ?Shoes, these are the best ones. （O_1SVO_2）

上面两句属于同类语序,即都属于宾语前置的倒装语序。具体来说,例(26)属于 OSV 语序,例(27)属于 O_1SVO_2 语序。Whaley(1997:80)认为,这类倒装语序的标记度很高,仅在特定语境条件下才使用。Steele(1997:385-387)进一步明确解释说,语法学家从不会在考察英语基本语序之外的语序变异时,考虑 OSV 语序现象,因为这种句式在英语中不属于话题化现象。徐烈炯、刘丹青(2007:31)认为,英语中 OSV 语序明显只是一种临时性或出于语用功能表达的需要导致的语序变异结构,这种句式带有明显的特殊性,并不影响对其句法结构的分析。他们认为,OSV 语序和 O_1SVO_2 语序的唯一倾向性变化是 SVO 语序。Mallinson & Blake(1981:108)认为,英语中 SVO 语序具有较高的结构化程度,看来是有道理的。

从以上讨论,可以看出,1)英语中,OSV 语序无论发生在句法层面,还是语用层面,其句法关系都十分清晰、可辨。2)英语中,SVO 结构属于绝对优势语序。3)英语中,"主语-谓语-宾语"语序与"施事-动作-受事"语义框架之间是重叠关系。

这些因素都是造成英语中 SVO 语序的结构化程度很高的原因。另外,英语句子不容许其核心参项发生语序移位,可能与 SVO 语序已经具有一定程度的语法化并上升到句法规则层面有关。

3.5.2 汉语句子"主-谓-宾"之结构化程度及其动因

与英语中 SVO 语序的结构化程度很高不同,汉语中 SVO 语序的结构化程度不高,具有较高的语序自由度(word order mobility/WOM),这导致有些情况下汉语句子核心参项的语法关系不明确。见下面例句及其分析:

(28) 我吃饺子。　　　(SVO/陈述句)
(29) 饺子我吃。　　　(OSV/话题句)
(30) 我饺子吃。　　　(SOV/话题句)
(31) 一锅饭吃三个人。(OVS/容纳句)

上述四句的语序不同。具体来说,例(28)属于 SVO 语序,例(29)属于 OSV 语序,例(30)属于 SOV 语序,例(31)属于 OVS 语序。上述四句的句法标记度不同,但是都属于可接受的句式。上述四句的可接受度与其保持 SVO 语序的程度之间存在正比关系。在可接受性程度方面,上述四句形成如下等级关系(符号">"表示"可接受度高于"):SVO>OSV>SOV>OVS(沈家煊 1999/2005:216)。汉语中,OSV、SOV、OVS 语序的最可能倾向性语序是 SVO 语序。除了上述三种语序,其实 SVO 语序与"把"字句之间也存在非常灵活的转换关系,如我们可以用"把"字句表达与 SVO 句式几乎完全相同的语义功能。具体如"我吃了饺子"可以说成"我把饺子吃了"。后者属于汉语独有的语序结构。上述 OSV、OVS 句式从语言类型的分类角度来看,都属于 O-S 型语言(即宾语前置于主语)。这种类型的语言相对于 SOV、SVO、VOS、VSO 型语言,表现出如下特征:分布最少、使用频率最低(Mallinson & Blake 1981;Tomlin 1986:22;Ruhlen 1987)。这一点还可参见表 1-1 数据统计。

通过以上讨论,可以看出,1) 汉语中,SVO 结构属于相对优势语序,而不是绝对优势语序。2) 汉语中,"主语-谓语-宾语"语序与"施事-动作-受事"语义框架之间往往不是重叠关系。

以上两方面特征可以视为致使汉语中 SVO 语序比较灵活、结构化程度不高的原因。当然,汉语语序的结构化程度不高可能还涉及其他一些因素,如主题化优先机制,对语用-语篇因素比较敏感,此外可能还涉及信息处理效率。所谓信息处理效率是指语言中的一些语序变化,是为了适应语言信息处理的需要(Hawkins 1994:73)。即汉语中,语序不仅是一个语法问题,而且是一个句法处理问题。一种语言中,不具优势的语序其处理效率较低,主要是因为这种语序关系的结构化程度较低(Hawkins 1994:73)。

综合以上讨论,可以得出以下结论,1) 英汉语言中,体现"施事-动作-受事"事件框架的句子结构化程度高于体现"主语-谓语-宾语"语法关系的句子。2) 强行为性"动—宾"搭配关系的句法制约功能强于弱行为性"动—宾"搭配关系的句法制约功能。

3.6　结语

人类语言有 6 种语序格局,它们的占比表现出不平衡性:SOV>SVO>VSO>VOS>OVS>OSV。其中,大部分语言具有明确的基本语序关系,只有少部分语言基本语序关系不明确。SOV 型语言的诸参项组配关系比较纯洁、整齐。其中,Po & AN & GN 语序蕴含关系最具代表性。SOV 型语言中,RelN 语序和 StcomAdj 语序之间存在跨范畴和谐关系。SVO 型语言具有 SOV 型语言与 VSO 型语言的混合体特征。这种语言中,Pr & NA & NG 语序蕴含关系最具代表性。SVO 型语言中,NRel 语序和 AdjStcom 语序之间存在跨范畴和谐关系。VSO 型语言之语序关系与 SOV 型语言,截然相反。相比 SOV 型、SVO 型语言,VSO 型语言的语序关系最为纯洁、整齐,几乎没有变异和例外现象。VSO 型语言中,Pr & NA & NG 语序蕴含关系最具代表性。

英汉语言中,一个名词性成分倾向于作主语还是作宾语,与其施事性或主题性程度高低之间成正比关系。生命度高的名词倾向领前于生命度低的名词。一个名词的语义角色等级与其可及性等级之间存在正相关性。一个名词的生命度等级与其语义角色等级之间存在对应关系。当两个等级关系发生冲突时,后者优先于前者。英汉语言对受事、工具、对象等成分作句子主语的容忍度不同:汉语远高于英语。介引英汉句子的名词具有的主语原型特征多寡不同,英语在这方面的要求远高于汉语。相比英语,汉语属于话题突显型语言,句子对其主语的施事性功能要求不像英语那样强烈。

英语由于主语化程度较高,致使其动词表现出作用方向右向性,并遏制其作格化程度以及较好地维持英语的 SVOX 语序。汉语由于主题化程度较高,致使其动词作用方向弱化,并致使其作格化程度提高以及附加语、状语从句前置于动词。英语中,"主语-谓语-宾语"语序与"施事-动作-受事"语义框架之间是重叠关系,造成英语中SVO语序的结构化程度很高。汉语中,SVO结构属于相对优势语序,而不是绝对优势语序,"主语-谓语-宾语"语序与"施事-动作-受事"语义框架之间往往不是重叠关系。这些特征致使汉语中SVO语序表现出比较灵活、结构化程度不高的特征。英汉语言中,体现"施事-动作-受事"事件框架的句子结构化程度高于体现"主语-谓语-宾语"语法关系的句子。强行为性"动-宾"搭配关系的句法制约功能强于弱行为性"动-宾"搭配关系的句法制约功能。

第四章 英汉定中关系之语序、标识模式及关系化策略异同

4.0 引言

人类语言的定中关系从语序上可以分为前置于名词(AdjN)和后置于名词(NAdj)两种类型。从句法关系上来看,可以分为内涵定语和外涵定语。英汉定中结构在语序、标识模式等方面表现出不同特征。英汉多项限定结构中,各成分因语义功能不同,会造成相互间出现有规律的语序倾向性问题。多数情况下,这些成分的语序与其核心参项的基本语序之间存在跨范畴和谐关系。英汉限定关系语序的不对称性对两种语言的形态标志和语序自由度都有影响。英汉语言中,限定关系如何标识是其主要类型学特征之一。关系从句作限定语形成的定中结构中,中心词的句法关系不是自足完备的,主要通过定语从句来确定。英汉语言中,名词的关系化操作所采用的策略不同,有其理据和动因。

本章主要讨论以下议题:英汉定中关系之语序特征(4.1节);英汉定中关系之标识模式(4.2节);英汉多重限定关系之语序异同及其结构化程度差别(4.3节);英汉限定语序的不对称性对其形态标志和语序自由度的影响(4.4节);语言类型学格局中的英汉限定语语序关系(4.5节);英汉限定语的语法层次关系(4.6节);英汉名词的可及性等级关系异同(4.7节)。

4.1 英汉定中关系之语序特征

根据语义功能的性质,定语可以分为两种类型:实体性定语和状况性定语。前者表示人物、事物以及与其有关的数量、时间、方所概念。具体包括领有关系定语、数量关系定语、指别关系定语和时空关

系定语。这些定语中,充任限定的成分具有实体性特征。状况性定语表示与中心词有关的性质、状态、行为等。具体包括性状关系定语、行为关系定语、断事关系定语和含义关系定语,充任定语的多为谓词性成分或小句等。无论是实体性定语,还是状况性定语与中心词之间构成的定中结构都具有名词性质。根据限定的范围和程度,定语又可以分为,限制性限定关系和非限制性限定关系。前者通过限定成分增加核心名词所表达的语义内涵,但与此同时缩小了核心名词的指称范围;后者不增加核心名词的语义内涵,只能有限地限定和修饰核心名词的范围。从限定层次关系来看,英汉定中结构又可分为单项限定和多重限定。前者是指只有一个限定词修饰的定中结构,后者是指有多重限定词修饰同一核心名词的定中结构。英汉语言中,定中关系之间的殊相多于共相。主要殊相有,定中关系的语序结构不同,语法关系的标识手段不同,限定关系的标识隐现程度也不同。不同限定词(如指别词、数词、领有词、形容词等)抑或涉及语用、语体等因素,其指称性或定指性不同。这些限定词修饰核心名词会引起语序倾向性差别。英汉语言中,有些限定词之间的前后语序分布具有强制性,有些限定词之间的前后语序分布不具强制性,但均有其规律性。以往有国外相关研究,如 Keenan & Comrie(1977)、Givon(1990)、Kratzer(1995)、Campbell(2000)等,对英语定中关系的性质、类型、语序及句法功能等有一定程度的讨论。许多国内学者,如陆丙甫(1988;2003)、邢福义(2002;46)、刘丹青(2005)、唐正大(2005;2008)、张国宪(2006;303)、樊长荣(2008)等,对汉语定中关系的性质、类型、语序及句法功能等作过比较详细的考察。上述研究多数还局限于针对英语、汉语定中关系的个案讨论,所用例示及其功能分析也多限于内省式,带有明显的局部类型学(local typology)特征。目前学界最缺乏的还是通过大规模语料统计,从语言类型学角度对英汉定中关系的语义性质(限定词的可别度、实体性程度等)、句法功能(核心名词在不同句法位置上的关系化程度)、标识模式(形态手段)及其删除规则、类型结构(受限性程度)、语序分布("前—后"置倾向性、关系从句的语序)及其动因、句法性与语用性的对立等议题的研究。本章下面就上述不足之处展开分析和讨论。

4.2 英汉定中关系之标识模式

人类语言的定中关系从语序上可以分为两种类型,前置于名词(AdjN)和后置于名词(NAdj)。从句法关系上可以分为,内涵定语(internal-marked determiner)和外涵定语(external-marked determiner)。在 VO 型语言(如印欧语系的法语、威尔士语)和 OV 型语言(如汉藏语系的藏缅语、景颇语)中,定语左右分布不对称的情况并不比汉语、朝鲜语、日语等定语前置于名词的语言少。以往学界有观点认为,AdjN 是 OV 型语言的唯一语序特征,并不客观。在 Dryer(1992)统计的 625 种 OV 型语言中,RelN 语序与 NRel 语序之比为 26∶37,AdjN 语序与 NAdj 语序之比为 55∶77,GN 语序与 NG 语序之比为 112∶12,DemN 语序与 NDem 语序之比为 79∶32。也就是说,有些 OV 型语言也使用后置定语。具体数据见下表例示:

表 4-1　OV 型语言诸参项组配关系及比率(Dryer 1992)

比率＼参项组配	RelN∶NRel	AdjN∶NAdj	GN∶NG	DemN∶NDem
比率	26∶37	55∶77	112∶12	79∶32

根据 Dryer(1992)的统计,OV-VO 两种语言中均存在 AdjN 语序和 NAdj 语序,只是倾向性程度存在差别。具体数据列示如下:

	NAdj	AdjN
OV 型语言	74	55
VO 型语言	55	44

汉语中,状语总体来看表现为 AdvV 语序,相对于 VAdv 语序,属于优势语序。后者带有较多的古汉语色彩,如"青出于蓝,而胜于蓝""艺术来源于生活,却高于生活"。另外,汉语中所有程度副词和方式副词作状语,只能后置。前者如"好得很""搞得好",后者如"吃得慢点儿""跑得太快"。以往,学界有人将上述语序划归补语范畴,既不准确也不客观。汉语中,定语齐一性地前置于中心词与状语前置于动词,是人类语言中极为罕见的语序变异现象。英汉语言中,定语的标识模式表现出很大差别,主要是由两种语言的语法系统不同造成的。英语最常用的标识限定关系的后缀有'-s、-tive、-ful、-ing、-ed 等。这种标

第四章 英汉定中关系之语序、标识模式及关系化策略异同

识模式属于依附语标识模式(dependant-marking model/DMM)。DMM 标识是指限定关系体现于限定词本身,而不是中心词的标识范式。大部分人类语言使用 DMM 标识模式(Nichols 1986:60;Comrie 1989),只有少数语言使用核心标识模式(head-marking model/HMM)。后者具体如东欧的匈牙利语、北高加索地区的阿布哈兹语(Abkhaz)、北美印第安部落的纳瓦约语(Navajo)(Nichols 1986:60;Comrie 1989)以及我国境内的鄂伦春语(胡增益 2001:77-78)。HMM 是指限定关系体现于中心词上,而非限定词本身的标识范式。HMM 不仅限于领有关系和属性限定关系中的中心词,还包括从句限定关系中的中心词。

英语除了上述主要形态标识手段外,还使用不同冠词(限定和非限定)来标识限定关系,如用 the 标识限定性定中关系,用 a 标识非限定性定中关系。汉语主要使用限定助词"的""之",以前置方式标识限定关系,可以分为内涵定语(可带但不一定带)和外涵定语(有时不能带限定标识)。除此之外,汉语还借助指别词,如"这/这些、那/那些"来标识限定性定中关系[①],使用"一、有"等标识非限定性定中关系,后者如"一辆车""有学生"等。与限定助词"的"标识定中关系不同,用指别词标识限定关系时,"那""这"均不能省略,如"我(*那)双鞋""你(*这)脾气",它们属于不可让度领有(alienable possession)关系。

4.2.1 英语定中关系之标识模式

英语定中关系之标识模式表现出以下几方面主要特征:1)多元但专一。2)多使用外中心词定语从句语序。3)定语标识都是句法性的。下面就以上三方面特征,分别进行讨论。

1)多元但专一。

英语可用多种手段来标识限定功能,如后缀、介词、关系代词和关系副词。最典型的当属后缀-'s、-tive、-tional、-ed、-ing。见下面分别例示:

(1) beautiful flower (-tive)
(2) national park   (-tional)

---

① 尤其是在北京化口语中,常使用"那""这"标识限定关系,如"老张那朋友""小李这想法"。其中的指别词均保留有它们的指称作用和语义功能。

(3) wanted man　　　　　　(-ed)
(4) disappearing species　　(-ing)

特别是一些常用专有名称中,后缀的使用更加普遍。如一些国际组织的英文名称,European Free Trade Association(EFTA)、International Atomic Energy Agency(IAEA)、International Monetary Fund(IMF)、United Nations Children's Fund(UNCF)、World Intellectual Property Organization(WIPO)等。

英语也使用后缀-'s 标识两个名词之间的领属关系。为方便讨论,本研究将其抽象为 N_1's+N_2 格式。具体见下面例示:

(5) John's car
(6) Mary's hometown

除此之外,英语还使用介词,如 of、from、by 等标识领属关系。为方便讨论,本研究将这种领有关系,抽象为 N_1+of/from/by+N_2 格式。具体见下面例示:

(7) the property of our company
(8) a professor from Oxford University

这种领有关系多表达两个名词之间,而非人类对某一事物的领有关系。如英语中常说 he is my good friend、而不太说 he is a good friend of mine。N_1+of/from+N_2 格式标识的领有关系与 N_1's+N_2 格式有共相也有殊相。共相之处在于,二者均标识两个名词之间的领有属性。殊相在于,N_1+of/from/by+N_2 格式标识的领有关系往往具有可让渡性质,而 N_1's+N_2 格式标识的领有关系往往蕴含两个名词之间存在固有依存关系或表示前者对后者所具有的特征、属性、行为等进行解释和说明。英语中,N_1's+N_2 格式除了用于表达领有关系外,还常用于表达时间性限定关系,句法功能与汉语中标识限定关系的后缀性限定助词"的",非常相似。这种限定关系表达的句法功能和语义关系往往比较明确、清晰。见下面例示及其分析:

(9) New Year's Eve
(10) one year's imprisonment
(11) next week's conference

上述三例中,限定标识-'s 表明从时间上对后面的名词进行限定,而不表示前者对后者的领有关系。这种标识方式是拉丁语的语法形态在英语中的迁移,相对于英语中 N_1+of/from/by+N_2 格式,是一种语法变异现象。这也就意味着,N_1's+N_2 语序与英语的"动-宾"

(VO)结构是不和谐关系。这种语序表达的限定关系,具有转喻性质,语义比较抽象。

英语中,后缀-'s的题元功能非常强大,几乎可以附着于任何名词后。与介词(如of/from/by)介引定语不同的是,后缀-'s还可以表达对前者所具有的行为、结果、特征、属性等进行解释和说明之功能。见下面例示及其分析:

(12) His father's agonizing death

(13) the president's visit to the museum

(14) the government's abandonment of its new economic policy

上面三例中,后缀-'s表示前者对后者的领有关系,体现一种转喻功能。英语中,许多N_1's+N_2限定结构可以转换为语序完全相反的N_1+of/from/by+N_2结构,只是后者多用于抽象名词之间表示限定关系,语序更加灵活。见下面例示及其分析:

(15) the agonizing death of his father

(16) a. the visit to the museum of the president

  b. the visit of the president to the museum

(17) a. the abandonment of its new economic policy of the government

  b. the abandonment of the government of its new economic policy

就使用频率而言,英语中N_1+of/from/by+N_2限定与N_1's+N_2限定,孰高孰低,难以确定其统计学意义上的显著差别。但从跨语言的共性来看,后缀相对于前缀/前置词具有优势。英语多重限定关系中,也存在内涵限定与外延限定语序之分,如(16a)(17a)属于外延限定关系,(16b)(17b)属于内涵限定关系。以往有些研究(如唐正大2008等)认为,只有汉语中存在内涵限定语序与外延限定语序之对立,看来不够客观。英语中,内涵限定关系相对于外延限定关系,属于优势语序。

英语的N_1+of/from/by+N_2限定关系中,介词标识的限定关系,有时非常模糊。此时,其表达的句法功能类似于一个补语,而不是纯粹的限定关系。这与汉语中内涵限定关系的句法功能非常相似。见下面英语例示及其分析:

(18) the abolition of slavery

(19) two days from today

(20) a son by her previous husband

上面三例中,介词短语表达对前面名词的语义补充、说明功能。介词 of(18)、from(19)、by(20)标识前后名词之间的抽象句法关系,而不是领属关系。不管它们之间形成多少层、多少项限定关系,无一能够省略。

英语中,虽然标识限定关系的语法手段比较丰富,但是每一种语法手段的句法功能多具有专一性。

2) 多使用外中心词定语从句语序。

人类语言中,定语从句根据中心词的位置可以划分为,中心词分布于定语从句内(internal-headed/IH)和中心词分布于定语从句外(external-headed/EH)两种类型。为方便讨论,本研究将前者简称为内中心词定语从句(IH),将后者简称为外中心词定语从句(EH)。使用 IH 的语言主要有,现代汉语、巴斯克语(Basque)、日语、朝鲜语等。详见下面 4.2.2 节讨论。使用 EH 的语言主要有,印欧诸语言,如英语、德语、西班牙语等。Malay 语也是一种典型的使用 EH 的语言(Keenan & Comrie 1977)。

英语使用 EH 语序时,定中关系由专门的关系代词来标识,界限更加清晰。见下面例示及其分析:

(21) This is the car that I bought last week.

(22) I went to the place where he was born.

上面两例中,中心词 car(21)、place(22) 均位于各自定语从句 that I bought last week、where he was born 的外部。二者之间的边界关系,一目了然。另外,中心词与从句之间语序上齐一性地保持 NRel 语序关系,这是英语最显著的语言类型学特征之一。

人类语言中,根据中心词与定语从句的相对位置,外中心词定语从句又可以分为两种格局:中心词前置(NRel)和中心词后置(RelN)。英汉语言中,中心词与定语从句的语序完全相反。前者使用 NRel 语序,后者使用 RelN 语序。首先来看下面英语例示(引自《新编英语语法》,章振邦,1995)及其分析:

(23) a. A suitcase that doesn't have handles is useless.

　　b. We have some classmates whose families are in other cities.

　　c. Tell him to go to the classroom where we often have our English class.

上面三例使用的定语从句标识尽管各不相同,但是语序完全相同,都属于中心词外置于定语从句的 NRel 格式。这种语序关系属于典型的重成分后置(heavy constituent postnominal order)现象。定语从句相比中心词,结构更加复杂,信息量更加丰富。

3) 定语标识都是句法性的。

英语中,所有定语标识都是句法规则强制要求的,不能省略。具体来说,表示领有关系的标识-'s 必须出现才能表达领有功能。一个非常典型的例子就是 Rome's destruction of Carthage。如果省略其中的领有标识-'s,名词性短语则不合语法。这与英语主要通过形态手段标识句法关系,而非通过语序标识句法关系密切相关。当然,上例也可以通过介词 of 来标识前后成分间的领有关系,如 the destruction of Carthage of Rome。虽然其句法也合格,只是结构显得臃肿。人类语言通过后缀标识领有关系相对属于劣势语序(Hawkins 1983;Dryer 1992),使用介词标识领有关系,联系项居中功能更加强烈(Dik 1983:399)。前者相对于后者在句法关系方面存在如下弱点:句法层次不清晰,有时句法-语义功能不甚明确,如 my little boy's cot。这也许是英语多重限定关系,倾向于使用介词而非后缀-'s 标识领有关系的动因之一。使用介词标识领属关系可以使整个领有结构的语法层次更加清晰,同时还可以消除歧义。如 the small and old car of our neighbor 相对于 our neighbor's small and old car 语法层次更加清晰,信息处理更加便捷。这其中其实涉及一条跨语言共性原则的制约功能:多重限定结构只保留上一级领有标识(primary possessive marker),而删除次级领有标识(secondary possessive marker)(Hawkins 1983;Dryer 1992)。这一语序共性原则有其创生的功能理据——多重领有标识造成句法关系重叠或大肚子结构。our neighbor's small and old car(N's+N)语序结构使得限定词与中心词之间语义关系松散,且不对称,因为 our neighbor's(N's)只修饰中心词 car(N),而不修饰形容词组 small and old。反观 the small and old car of our neighbor (N_1+of+N_2)语序结构,形容词短语 small and old(AdjP)和介词短语 of our neighbor(of+N_2)邻近修饰中心词 car(N),且句法结构左右对称,这样就消除了定中结构中的大肚子关系。我们认为,N_1+of+N_2 语序限定关系在句法-语义功能方面比 N's+N 语序,更加明确、清晰,是语序和谐原则作用的结果。这一点从关系从句作定语的语序分布,可以看得更加清晰、明了。见下面例示(引自《新编英语语法》,

章振邦,1995)及其分析:

(24) This is the man who helped me yesterday. (作主语)

(25) I met a boy whose father was an astronaut. (作定语)

上面两例中,关系代词 who(24)和 whose(25)的句法功能不同,前者作从句的主语,后者作从句的引导词。这两种标识方式都具有赋格(+case)功能,句法上具有强制性。一般来说,赋格标识模式的句法等级关系高于非赋格标识模式。非赋格(-case)标识模式与赋格标识模式相对立,其中的关系代词或关系副词是否出现,不具有强制性,根据语境需要,可以删除(见下面例(28)(29)分析及其讨论)。

在表达补充、说明功能的非限定性定语从句中,关系代词与中心词之间必须用逗号隔开。这是因为,非限定性关系从句以插入语形式与核心名词分隔,是一种倾向性语序关系(Givón 1990)。在这种语序关系中,关系代词或关系副词的联系项功能远弱于限定性定语从句,但它们均不能省略。见下面例示(引自《新编英语语法》,章振邦,1995)及其分析:

(26) The house,(*which) I bought last year, has a lovely garden.

(27) This novel,(*that) I have read three times, is very touching.

其实,限定标识的隐现是一种关系化策略(relativization strategy)。当然,使用赋格策略或非赋格策略标识句法功能对于定语从句的处理效率差别很大。见下面例示(引自《新编英语语法》,章振邦,1995)及其分析:

(28) This is the factory (which/that) we visited last year. (作动词 visited 的宾语,可以省略)

(29) The teacher (who/whom/that) you want to see is coming. (作动词 see 的宾语,可以省略)

上面两例中,定语从句属于非赋格标识模式,均可省略限定标识,是一种语用经济性的体现。非赋格标识模式与赋格标识模式相比(如上面例(24)(25)),表现出如下缺陷:弱化了定语从句对中心词的句法限定功能,语义功能也不算清晰。这也算作语用经济性原则的负面效应之一。

Keenan & Comrie(1977)的有格(+case)策略和无格(-case)策略二分法,对于解释英语定语从句的关系化策略,毋容置疑是非常有效的。但是,这种二分法对于一些格类编码方式没有得到考察的语言的预测力效果,还不清楚。因此,也受到了来自学界的一些质疑,如

Maxwell(1979)等。在 Maxwell 的建议下,Keenan(1985) 和 Comrie (2007)对其理论进行了修正,认为人类语言定语从句的关系化策略可以归纳为至少四条原则:1) 删除策略(obliteration strategy);2) 关系代词保留策略(pronoun-retention strategy);3) 关系代词策略(relative-pronoun strategy);4) 非删除策略(non-reduction strategy)。由于这些原则与英汉关系从句作定语的关系化策略联系不大,此处不展开讨论。

4.2.2 汉语定中关系之标识模式

汉语定中关系之标识模式表现出以下几方面主要特征:1) 标识手段相对单一。2) 限定标识的隐现度"前高后低"。3) 定语标识不是纯句法性的,兼有语用性。4) 助词"的"的弱/非限定标识功能。

下面就以上四方面特征,分别举例并进行分析和讨论。

1) 标识手段相对单一。

汉语主要使用限定助词"的"和带有文言文色彩的"之"标识定中关系。前者以后缀性助词方式,后者以前缀性助词方式,标识领有、限定功能。但是,二者的题元功能也存在差别。首先来看助词"的"的一些常见题元功能例示(引自《新华词典》,商务印书馆,2005(修订版))及其分析:

(30) a. 他得到了一批志愿者的大力协助。
　　　b. 一个没有把手的手提箱毫无用处。
　　　c. 当地有关他游历的故事多得很。

上面三例中,助词"的"表现出非常强大的定中标识功能,既可标识名词性定中关系(N's+N),如(30a);也可标识小句定中关系(RelN),如(30b)、(30c)。上述定中关系均属于赋格标识模式,因为其中的助词"的"不可省略。有关助词"的"的句法多功能性特征,见本节第三点所举例示及其讨论。

古汉语中,多使用"之"标识定中关系,同样具有强大的题元标识功能。见下面例示及其分析:

(31) a. 寡人欲以五百里之地易安陵,安陵君其许寡人!(《战国策·魏策四:唐雎不辱使命》)
　　　b. 见藐小之物必细察其纹理,故时有物外之趣。(沈复·《童趣》)

c. 以残年余力,曾不能毁山之一毛,其如土石何?(《愚公移山》)

　　从上面四个例子,可以看出,助词"之"显示出多元化标识功能。具体来说,例(31a)中助词"之"标识数量词"五百里"对其中心词"地"的限定关系。(31b)和(31c)中,助词"之"分别标识小句"见藐小""有物外"(31b)、"不能毁山"(31c)对其中心词"物""趣"(31b)、"毛"(31c)的限定功能。上述定中关系中,多数属于非赋格标识模式,因为其中的助词"之"可以省略不用。

　　相对于限定助词"的"的后缀性,"之"表现出前缀性助词特征。另外,许多可用"之"标识的定中关系,都不能用"的"替换,主要是因为"之"除了标识常规限定题元功能外,还保留其古汉语所遗留的补充说明、解释功能及其韵律功能。这些功能是助词"的"不及其右的。见下面例示及其分析:

　　(32) 赤子之心。

　　(33) 立命之本。

　　(34) 独立之人格,自由之思想。

　　上述三例中,助词"之"倾向于前缀用法。具体来说,它们只能切分为"赤子|之心"(32)、"立命|之本"(33)、"独立|之人格,自由|之思想"(34)。从联系项功能和句法功能表达来看,前缀性助词"之"比后缀性助词"的"更加强大,语法功能也更加典型。见下面例示及其分析:

　　(35) a. 缓兵之计
　　　　 b. 不速之客
　　　　 c. 莫逆之交

　　上面三例中,助词"之"的用法非常虚化,似乎均不能用"的"替换,可能与"之"的代词及其语法的来源有关。

　　另外,"之"还可在书面语中用于"主-谓"之间,取消句子的独立性,使其变成偏正关系。这也是助词"的"所不具备的句法功能。见下面例示及其分析:

　　(36) a. 不到新疆,不知中国之大。
　　　　 b. 大道之行也,天下为公。《礼记·礼运》

　　上面两例中,"之"的语法功能是取消"主-谓"结构"中国大"(36a)、"大道行"(36b)的句法独立性,使其变成一个具有名词性质的偏正结构。这种结构("中国之大""大道之行")表达非常丰富,且独特的语用功能、修辞功能和韵律功能。助词"之"的这种前缀性用法,也是助词"的"远不及其右的。

除了上述差别外,"之"与"的"在语序分布和句法功能方面还存在如下殊相。前者多分布于限定词与中心词之间,其联系项功能更加突出、专一,助词"的"表达非常典型的后缀功能,其依附倾向性较"之"更加典型(席建国 2013:297)。刘丹青(2003:106)早就主张,将其作为后置词对待,颇具见地。但是,作为后缀性助词使用的"的",也有其特质性句法功能,如可以分布于除了限定词与中心词之外的多个位置,在这方面其使用范域相对比前缀助词"之"更加宽泛,但有些用法很难视为介词,如"眼睛小小的""推的推、拉的拉""他是去年来的学校""破铜烂铁的,捡来一大筐""这件事我是知道的"等。即使是居中联系两个名词,"的"的有些用法也不能算作典型的限定词用法,如"人员的失踪""辞典的出版"等。这一点与英语中前置介词 of 的某些用法,非常相似。上述表达法在英语中的对应表达分别是,the loss of staff、the publication of this dictionary。"的"与 of 在用法上也存在一些差别,后者可用来介引某些动词、形容词的宾语,具有题元功能,如(be composed)of 15 students、(be made) of iron、(be proud) of his heroism、(feel suspicious) of his intention 等。汉语中,"的"的主要语法功能是标识领属关系,而没有类似 of 的上述题元标识功能。这也许就是导致"的"虽有大量联系项居中用法,却至今没有被学界统一视为典型性介词的原因之一吧。

Givón(1990)认为,"非限定性关系从句以插入语的形式与核心名词分离,具有一定的倾向性",并不适合汉语光杆名词表类指并作关系从句核心名词的情况。汉语中,关系从句前置于中心词致使非限定性定语从句与限定性定语从句同形,二者在形态和语序方面不存在差别,都属于内嵌式非插入语。英语中,限定性关系从句作定语和非限定性关系从句作定语,都后置于核心名词。二者在句法功能和形态方面的差别,一目了然。见下面英汉对照例示(引自《当代高级英语辞典》,2004)及其分析:

(37) a. the bridge that was built by Germans
　　 b. 德国人造的桥
(38) a. the bridge, that was built by Germans
　　 b. 德国人造的桥

例(37a)属于限定性定语从句,(38a)属于非限定性定语从句。后者从形态上来看,具有插入语性质。而对应的两个汉语定中结构(37b)、(38b),在语序和形态方面没有区别,二者何为限定性定语从句,何为非限定性定语从句,无法识别。

2) 限定标识的隐现度"前高后低"。

根据语义功能,汉语的内涵性定语可以细分为三种情况:领有性定语、限制性定语和描述性定语。三种情况中,限定标识都可省略。见下面例示及其分析:

(39) 领有性定语:a. 他(的)父亲
　　　　　　　　　b. 我们(的)公司
(40) 限制性定语:a. 纯金(的)项链
　　　　　　　　　b. 木头(的)桌子
(41) 描述性定语:a. 幸福(的)生活
　　　　　　　　　b. 慢性(*的)肠炎

上述三组内涵性定中关系中,定语的限定性质不同,助词"的"的隐现程度也不同。具体来说,例(39a)属于不可让度领属关系,例(39b)属于可让度领属关系。例(40)属于表示性质、属性的限制性限定关系。例(41)属于描述性限定关系。上述三种内涵性定中关系均能不同程度地省略限定标识,尤其是人称性领有限定关系也能够省略限定标识,这在人类语言中确实罕见,因为绝大多数人类语言中人称性领有限定关系属于不可让度领有关系(张敏 1998:230-231)。这背后所涉动因,很值得进一步探究。例(41a)之类描述性限定关系中,可以省略限定标识,在汉语中也很常见。如沈家煊认为,汉语中用省略限定助词"的"之类光杆形容词修饰名词,可能比用形容词带限定助词"的"修饰名词现象,更加普遍。这也是语用经济性原则在汉语中的一个突出体现。例(41b)甚至排斥限定标识"的"的使用,可能是因为后缀"性"本身带有限定义素,如"毁灭性打击""粉碎性骨折"等。跨语言调查的实际情况是,上述三种内涵性限定关系在其他语言中均不能省略限定标识,只是在标识方式上会有不同,有些属于依附语标识模式(DMM),有些属于核心标识模式(HMM)。关于限定标识的隐现规则,陆丙甫(2003)已有详细讨论,此处不赘。但是,关于该问题的分歧意见,在汉语界依然存在。

汉语中,内涵定语与外延定语之间的对立和差别相对来说,比较容易理清,不存在太多纠葛。但是,仅根据定语的类型或简单的句法规则难以对限定标识的隐现规律作出具有类型学意义的概括。汉语

第四章 英汉定中关系之语序、标识模式及关系化策略异同

中,限定标识在领有性定语中均可省略。真正值得关注的倒是,为什么汉语中领有限定关系、非亲缘(如指物领有)关系以及表示性质、属性的限定关系均可省略限定标识?因为它们分属于限定性质和语义功能完全不同的限定类型。

在多重限定成分的定中关系中,有时会出现使用几个限定标识或在何处删除限定标识的纠葛,多重定语具有排斥限定标识在同一个名词性短语内多次出现的倾向性。多重限定成分根据定语的类型,可以分为两种情况:定语本身是内涵定语 NP 的结构和诸项限定成分依次修饰同一个中心词的结构。为方便讨论,本研究将前者称为内涵性多重定语,将后者称为外延性多重定语。

汉语中,内涵性多重定语的标识模式及删除规则与外延性多重定语的不同。见下面分别例示及其分析:

(42)内涵性多重定语:

a. 外贸公司(的$_1$)戴经理很信赖的保持长期良好关系($^?$的$_2$)客户(*的$_3$)产品

b. 外贸公司(的$_1$)戴经理很信赖(*的$_2$)客户

c. 保持长期良好关系($^?$的$_1$)客户(*的$_2$)产品

上述三例多重限定关系中,限定标识"的"的出现位置及其隐现度有规可循。总的来说,表现出如下特点:(1)词汇性成分后的限定标识的隐现度高于从句性成分。(2)分布越靠后的限定标识的隐现度越低。(3)从句后的限定标识绝对不能删除。具体来说,例(42a)中,内涵性多重限定结构中位于"的$_1$"位置的限定标识最倾向于删除,否则整个定中结构会显得非常臃肿,而位于"的$_2$"位置的限定标识可删也可不删,紧邻中心词"产品"前位置的"的$_3$"必须出现,否则整个定中结构不合语法。例(42b)中,位于名词后"的$_1$"位置的限定标识可删除,并不影响整个结构的合法性,而位于从句后位置的"的$_2$"不能删除。例(42c)中,相对于分布最后的"的$_2$",位于从句后位置的"的$_1$"可删也可不删。但位于中心词前的限定标识"的$_2$"必须保留,否则整个定中结构不合语法。

下面来看汉语中外延性多重定语的标识规律及其删除规则。见下面例示及其分析:

(43)外延性多重定语:外贸公司(的)戴经理多年(的)很可靠($^?$的)做生意(*的)朋友。

71

从例(43)可以发现,汉语中外延性多重定语标识模式表现出如下规律性特征:(1)词汇性成分后的限定标识的隐现度高于从句性成分。(2)分布越靠后的限定标识的隐现度越低。(3)从句后的限定标识绝对不能删除。其实,几乎所有人类语言中从句作定语都不能随意删除定语标识,是一条跨语言共性原则。为什么会这样?我们认为,与从句属于句子范畴有一定关系,如避免句法层次纠葛等。在汉语、日语等使用 RelN 语序的语言中,从句作限定成分不具有句法独立性和语义自足性。唐正大(2008)专文讨论过汉语中内涵性多重定语和外延性多重定语的标识模式差别。唐文认为,多重定语中最末或最靠近中心词的定语几乎要强制删除限定标识,看来不符合汉语的实际情况,这一疏漏也许与其分析所用的例句有关。唐正大(2008)讨论使用的例子是"远房亲戚"。我们认为,"远房亲戚"之类定中结构即使是脱离语境独立使用,也无需限定标识,而与定语"远房"是否分布于最末或紧邻中心词"亲戚"无关。以往学界所概括的限定标识的隐现规律,主要基于语用规则。本研究认为,一个定语分布于其他定语之前或之后,其句法属性并无不同。也就是说,难以从句法方面解释限定标识的删除规则,况且可删除的限定标识"的"在句法上都可以补上,只是补上后,整个定中结构显得累赘。而这种累赘属于语用层面,而非句法层面。这一点也可视为语用经济性原则在汉语中的一种独特体现,这可能也是造成汉语多重限定成分之间具有一定语序自由度的原因之一。

当然,外延定语与内涵定语在标识模式方面也存在一些殊相。汉语中,外延定语都不能后带限定标识。见下面例句及其分析:

(44) a. 这些人 → b. *这些的人
(45) a. 那个城市 → b. *那个的城市
(46) a. 哪位同学 → b. *哪位的同学

上面三例均属于外延限定关系,不能带限定标识"的"(见对应的 b 句)。唐正大(2008)的相关研究认为,汉语中限定标识的使用最大界限划定在外延限定和内涵限定之间,并强调这种区分与语序表现方面的分野完全一致。其实,区分外延限定和内涵限定在语言研究中早已有之。如英语的限定结构 this man、that guy、which book 中,所有限定词后不能出现形态标识。但是,并不是说世界上所有语言都不能使用限定标识,在像日语之类形态手段丰富的语言中,同样的限定关系必须使用限定标识,如"あの车""その绘""どの学校"。其中的"の"相当于汉语的限定标识"的"。现在的问题是,为什么上述汉语和英语例示中不能出现限定标识? 一个可能的解释是,汉语中"这个""这些""那个""那些""哪个""哪位"已经完全语法化为复合性指别词,只不过表现为外显结构。英语中 this、that、those、which、whose 已经完全语法化为单音指别词,只不过表现为内涵结构。这类词汇的语义结构本身含有明确的指别、限定义素,而无需借助其他形态手段实现限定功能。若加上限定标识,反属冗余。在日语之类形态丰富的语言中,指别词必须借助外显标识形成复合词,表达限定功能。这也是形态丰富的语言与非形态语言(如汉语)在限定标识模式方面的显著类型学区别之一,而不是汉语独有的限定标识特征。由于汉语中外延定语涉及的范围非常广泛,包括一些语义多功能的成员,既有全称量词,如"所有""每个",也有部分量词,如"一些""有的"等,情况有时非常复杂。如根据具体语境,全称量词"所有"有时可以带"的",如"贡献我所有的力量"(余秋雨·《流放者的土地》)、"他所有的抱负、志向、希望、前程,全被一笔勾销"(鲁迅·《阿Q正传》)。这些属于例外情况。这种例外用法很可能与全称量词"所有"的实词来源有关。汉语中,"所有"用作实词的例子也较多。见下面例示:

(47) 古之为市也,以其所有,易其所无者,有司者治之耳。(《孟子·公孙丑下》)(用作名词,作"全部财产"解)

(48) 贾珍拍手道:"如何料理!不过尽我所有罢了!"。(曹雪芹·《红楼梦》第十三回)(用作名词,作"一切努力"解)

(49) "从社会生活的最大的企业到人民生活中最小的一只绣花针……全是他自己的所有"。(徐迟·《财神和观音》)(用作名词,作"拥有的财产"解)

上述三例中,"所有"均用作名词使用,分别解释为"全部财产"(47)、"一切努力"(48)、"拥有的财产"(49)。

另外,"所有"还有形容词用法,可以独立表达限定功能。此时作"尚有""整个、全部"解(吕叔湘1980)。见下面例示及其分析:

(50) 江陵去扬州,三千二百里。已行一千三,所有二千在。(《乐府诗集·清商曲辞三·懊侬歌》)

(51) (宋江)指着卢俊义说道:"兄弟,所有宋朝赏罚不明,奸臣当道,谗佞专权,我已顺了大辽国主。"(罗贯中·《水浒传》第八十五回)

上述两例中,"所有"均用作形容词,分别解释为"尚有"(50)、"整个、全部"(51)。

除了"所有",其他全称量词,如"一切""每个"也有指别词功能。即使是部分量词,如"一些""有的",也可表达指别词功能,二者均不能带限定标识。

以上例示及其分析说明,外延定语与内涵定语之间的纠葛凭是否能带限定标识就可显而易见。有研究(如唐正大(2008))据此推论,领有成分在汉语中是内涵性的,因此都可以省略限定标识,具体如"他(的)姐姐""屋(的)顶上""教室(的)门口"等。这些例子确实支持了上述观点,只因它们相对于其他同类用法更加常用。但是,汉语中也存在一些明显的例外情形,如我们不能说"她(*的)存款""你(*的)财产""单位(*的)办公楼",只能说"她的存款""你的财产""单位的办公楼"。即其中的领有标识不能省略。另外,也有研究在讨论汉语外延定语时认为,外延定语都不能带限定标识"的",其具体用例如"*那辆的车""*这件的大衣"。岂不知,其中的"辆""件"属于类词,它们本身含有指别语义素,可以独立用于表达指别功能,而无需借助限定标识。其实,外延定语可以省略限定标识的最典型用法是"中国(的)领土""美国(的)国旗"等,其中可以省略不用限定标识,实属汉语独有的例外现象。这种省略不用限定标识背后涉及怎样的动因,值得深入探究。吕叔湘(1984:209)、张伯江、方梅(1996:157-158)、唐正大(2008)等认为,上述例示中限定标识的删除不用,是其正在不断虚化造成的,有一定道理,但不全面。从跨语言角度来看,用国别表达限定功能均不能省略不用限定标识。

北京话中,还可使用"这""那"作为限定标识,表达限定功能,其中的限定标识"这""那"表达更加强烈的限定功能,且均不能省略,尽管它们也属于不可让度领有关系。为方便讨论,本研究将其称为强调型限定标识,而将助词"的"称为普通型限定标识。见下面例示及其分析:

(52) a. 我这脑子
　　 b. 你那同学
　　 c. 上海那楼

上述三个定中结构中,使用三个不同的强调型限定标识表达限定功能,其语用性和修辞性色彩比普通型限定标识"的"更浓,因此不能省略。这与"的"表达的限定功能又有区别。为什么强调型限定标识不能省略?它们标识的限定关系与"的"有何区别?值得我们作深入思考。上述三例使用"这""那"标识限定关系不能省略,与其本身具有指别功能有关。我们知道"这""那"本身具有强烈的指别功能,它们标识的限定关系比"的"更加严格、清晰,而且带有说话人强烈的语用、修辞色彩。这是普通型限定标识"的"所不具备的,如果用后者替换,上述功能皆体现不出来。见下面两组限定方式对比分析及其讨论:

(53) a. 我<u>这</u>脑子～b. 我<u>的</u>脑子
(54) a. 你<u>那</u>同学～b. 你<u>的</u>同学
(55) a. 上海<u>那</u>楼～b. 上海<u>的</u>楼

对比上面三组限定关系,可以发现,强调型限定标识用法(53a)、(54a)、(55a)较为口语化,带有较强的语用性和修辞性色彩,含有说话人的"责备、无奈"(53a、54a)或"赞扬"(55a)语气。由于它们具有指别词的句法功能,其定指性程度很高,所表达的限定功能更加清晰、强烈,不仅如此还可以避免因重复使用普通型限定标识,造成句子结构臃肿以及避免句子产生歧义。这一点从下面实例看得更加清楚,"你那不争气的腿,一到比赛就抽筋""我这脑子真不够用,老爱忘事"。反观普通型限定标识限定关系(53b)(54b)(55b),可以发现,它们表示的限定程度和范域均有一定的模糊性,容易产生歧义。如(54b)可以有两种理解:一是"泛指受话人的任何一位同学",一是"专指受话人的某位同学"。(55b)也可以有两种解读:一是"泛指上海的任何一幢楼房",一是"专指上海的某幢楼房"。另外,如果不考虑语用或语体因素,几乎所有的普通型限定标识都可以用强调型限定标识来替换。反之,则不然。

3) 限定标识不是纯句法性的,兼有语用性等。

汉语中,许多使用限定标识"的"的情况都不具有强制性,在一定语境条件下均可省略,这在人类语言中极为罕见。从汉语的语言事实来看,虽然汉语中内涵定语可带标识"的",但是在人们的具体语言实践中往往会因语用、韵律等因素,而省略不用。学界对于汉语多重限定关系中可以带几个限定标识以及限定标识的删除规则等议题,还存在分歧。也就是说,限定标识"的"的隐现、删除问题在汉语中很难成为一条纯粹的句法规则。这一点从报刊上经常出现的一些实例,可以得到证明。见下面例示及其分析:

(56) a. 实现中华民族伟大复兴。
　　　b. 实现中华民族的伟大复兴。
(57) a. 全面建设小康社会新胜利。
　　　b. 全面建设小康社会新的胜利。

(58) a. 中国特色社会主义理论体系。
　　 b. 中国特色的社会主义理论体系。

上面(a)例均未使用限定标识"的",而对应的(b)句使用了限定标识"的"。二者在语用目的、语体方面存在显著差别:(a)句体现更强的政令性、严谨性、概括性,这种言简意赅的表达方式语气显得更加庄严、坚定。相比之下,(b)句在语用和修辞效果方面不如(a)句好。当然,"的"的隐现除了受到语用、语体、修辞等因素影响外,还与韵律有关。见下面例示及其分析:

(59) a. 纯金项链　　→b. 纯金的项链
(60) a. 女式手表　　→b. 女式的手表
(61) a. 金字塔形墓碑 →b. 金字塔形的墓碑

上述两组例示,因是否使用限定标识"的"它们的语法性质和语义功能完全不同,韵律也不同。具体来说,(a)栏属于偏正结构,句法关系更加严谨,结构化程度较高,这种偏正结构似有体现后面名词具有的固有属性功能。如果插入限定标识"的",即变为b栏,其句法上完全变为限定性质,表达描述性语义功能。具体来说,"纯金项链"(59a)表示的意思是"项链是按纯金规格、标准加工的",而"纯金的项链"(59b)表示的意思是"描述这种项链是纯金的,比非纯金的项链有优点";"女式手表"(60a)表示的意思是"手表是按女式规格、要求生产的","女式的手表"(60b)表示的意思是"说明这种手表专属女性使用,强调其与男式手表的差别";"金字塔形墓碑"(61a)表示的意思是"墓碑是按金字塔形状建造的",而"金字塔形的墓碑"(61b)表示的意思是"描述这种墓碑的形状像金字塔,而不是其他形状"。

上述三个偏正结构删除限定标识的程度不同。具体来说,"女式手表"(60a)、"金字塔形墓碑"(61a)可删除限定标识的程度较高,可能与其中"式""形"之类类词具有较高指别功能有关。它们固有的指别功能会排斥限定标识的共现。如汉语中,前者可以说"中国式离婚""西式餐厅",却不能说"中国式(*的)离婚""西式(*的)餐厅";后者甚至可以说"长凳""方桌",却不太说"?长形的凳子""?方形的桌子"。这背后隐含的动因可能还有,语用经济性和韵律功能表达。另外,可能还与音节数有关,单音节限定关系往往无需限定标识,而多音节限定关系往往需要借助复杂的限定标识,才能修饰名词。这种形态上的格式要求与限定标识的可删除程度之间成正比关系:形容词的形态越简单,其删除程度越高;形态越复杂,其删除程度越低。如"四米的长凳""十人坐的圆桌"在英语中必须分别说成,four-metre-long bench、square table for ten people。

仅从汉语限定标识的使用和删除情况来看,助词"的"的隐现确实不是纯句法性的,兼有语用性等。其中,韵律条件可能独立于句法-语义条件。另外,可能还与限定标识的音节数有关。这进一步说明,限定标识的使用和删除不单纯是句法性。

4) 助词"的"的弱/非限定标识功能。

助词"的"除了表达上述所例示的明确限定性句法功能外,还可表达取消一个小句的句法独立性,使其具有体词性质。前者属于具体性语义功能,后者属于抽象性语义功能。后者的情况见下面例示(引自《现代汉语词典》(第5版),2008,商务印书馆)及其分析:

(62) 今天开会是你的主席。

上例中,助词"的"既不表示领属关系,也不表示限定关系,其句法功能是赋予短语"你的主席"体词性质。从表层结构来看,"你的主席"属于定中关系,其实从深层结构来看,该短语相当于小句"你作主席"。即助词"的"使独立小句"你作主席"脱小句化。这种表达方式具有语义歧义性:既可以理解为"你作主席",也可以理解为"听话人参加的某个组织的主席特意来出席这个会议"。助词"的"在例(62)中表达一种引申功能,比较抽象。

汉语中,"名词/代词＋的＋名词"格式可因后一名词属于抽象名词,表达完全不同的句法-语义功能。见下面例示(引自《现代汉语词典》(第5版),2008,商务印书馆)及其分析:

(63) 开他的玩笑

(64) 找那人的麻烦

上面两例中,"代词/名词＋的"结构并不表示领有关系,而是属于可让渡关系。具体来说,"他的玩笑"(63)并不表示"玩笑"属于"他所有","那人的麻烦"(64)并不表示"麻烦"属于"那人所有"。

另外,如果上下文(多为口语)语义关系非常明确,甚至可以省略不用"名词/代词＋的＋名词"格式中的中心词,其句法-语义功能依然明确、完整,但仅限于具体名词,而不能是抽象名词。即"X的"结构可以代替中心词。见下面会话中"的"的省略替代关系(例句引自《新华多功能字典》,商务印书馆,2012):

(65) A:那些都是他们的电脑吗?

　　B:不,大部分是我们的。

(66) 这不是我的车,是小王的。

上面两句中,尽管"X 的"结构后省略了中心词,但是它们仍具有名词性质,且指称功能明确,并不存在歧义。具体来说,"我们的"(65B)指称"我们的电脑","小王的"指称"小王的车"。其实,英语中也有类似省略中心词的用法,如 the rich、the poor、the old、the young、the persecuted。它们具有与其 the Adj+N 结构相同的名词性质,表达相同的指称功能。

此外,助词"的"可用于成对的"V+的+V"结构中,描述人们具有的两种不同行为状态,二者之间形成对比关系。助词"的"不表达明确的语义功能,其用法相当于一个连词,连接前后动词。见下面例示(引自《现代汉语词典》(第 5 版),商务印书馆,2008)及其分析:

(67) 哭的哭,闹的闹

(68) 唱的唱,跳的跳

上面成对的"V+的+V"结构中,助词"的"表现出典型的联系项居中功能,只是"的"的语义功能比较虚化。前后两个"V+的+V"结构形成平行关系,具有强烈的韵律感。

另外,助词"的"还可以用于成对的"Adj+的+Adj"结构中,其中的助词"的"也不具有明确的语义功能,只是连接前后形容词,相当于一个连词。见下面例示(引自《现代汉语词典》(第 5 版),商务印书馆,2008)及其分析:

(69) 大的大,小的小。

(70) 快的快,慢的慢。

上面两组成对的"Adj+的+Adj"结构中,助词"的"的语义也很虚化,句法上表达联系项居中功能,相当于一个连词。上述成对的"Adj+的+Adj"结构,表示一种例举关系,语义上具有对立性,不能拆开使用,体现特定的韵律感。

汉语中,助词"的"还可用于"有+颜色词"后,形成"有+颜色词+的"格式,表达例举功能。见下面例示(引自《现代汉语词典》(第 5 版),商务印书馆,2009)及其分析:

(71) 菊花开了,有红的,有黄的。

上述成对的"有+颜色词+的"格式表达例举功能。具体来说,"有红的,有黄的"结构表示"例举有红的菊花,有黄的菊花",省略中心词是出于语用经济性考虑。从语篇性来看,"有红的,有黄的"具有回指功能。

第四章
英汉定中关系之语序、标识模式及关系化策略异同

助词"的"除了上述功能外,还可接在短语后形成一个具有独立句法功能的"短语+的"(Ph+的)结构。这种结构表达一种说明事实或缘由功能。此用法中的助词"的"语义非常虚化,相当于一个后缀。见下面例示(引自《现代汉语词典》(第5版),商务印书馆,2009)及其分析:

(72)无缘无故的,你着什么急?

(73)大星期天的,没人愿意上班。

例(72)中,"无缘无故的"表达一种情况。例(73)中,"大星期天的"表达一种根据客观事实,来说明原因的功能。助词"的"在上面"Ph+的"结构中已表现出后缀端倪。

此外,在所限定的领属关系和意义很明确的情况下,可以用"代词+的"短语代替整个"代词+的+中心词"结构。这种省略结构具有名词性质,句法上也是自足的,常用作动词的宾语。见下面例示(引自《现代汉语词典》(第5版),商务印书馆,2009)及其分析:

(74)这里用不着你,你只管睡你的去。

上例中,"你的"实际上是"你的觉"的省略式,句法虽然不自足,但语义很明确,没有歧义。这种省略用法也是基于语用经济性原则的考虑。

另外,助词"的"还可插入"动+宾"之间,表示对已有结果进行解释和说明。见下面例示(引自《新华多功能字典》,商务印书馆,2012)及其分析:

(75)在哪儿理的发?

(76)在火车上吃的饭。

(77)回来时乘的飞机。

上面三个"动+的+宾"结构,表示解释、说明功能,句法上没有自足性和独立性。具体来说,"理的发"(75)、"吃的饭"(76)、"乘的飞机"(77)分别表示对"理发""吃饭""乘飞机"的情况进行解释或说明。其中,"的"的语义也非常虚化,属于其作为联系项使用的居中用法。

此外,助词"的"还可以用于句末,相当于一个语气助词,表达一种解释功能。见下面例示(引自《新华多功能字典》,商务印书馆,2012)及其分析:

(78)这是不可能的。

(79)是小张告诉我的。

上面两例中,助词"的"位于句末,用法相当于一个句尾语气助词,

其语义也比较虚化。具体来说,助词"的"在"这是不可能的"(78)、"是小张告诉我的"(79)中,表达两种功能:一是弥补两句句法上的不足。二是表达一种解释、说明功能,后一种功能与助词"的"在上面例(75)~(77)中表达的语义功能有些类似。

4.3 英汉多重限定关系之语序异同及其结构化程度差别

4.3.1 英汉多重限定关系的总体语序倾向性

英汉定中结构中,如果领有词、指别词、数词、形容词或多个形容词共现,各成分因语义功能不同,会造成相互间出现语序倾向性问题。这种倾向性具有规律性,如领有词、指别词倾向前置于数词和形容词,数词倾向前置于形容词。这种语序有时具有强制性,表现出如下倾向性关系(符号">"表示"倾向前置于"):

指别词(Dem)/领有词(Gen)>数词(Num)>形容词(Adj)+名词(N)(Dik 1997)

Dik(1997)将上述语序等级关系称为倾向性语序原则(Preferred Order of Constituents/POC)。为方便讨论,此处将其简称为 POC 原则。POC 原则本质上来看与 Greenberg 的蕴含共性二十(GU20)是一致的。即"如果指别词、数词、描写性形容词中两个以上前置于名词,它们总是表现为指别词>数词>形容词>名词语序关系。如果它们是后置,语序则依旧,或完全相反"(Greenberg 1966)。

英汉多项限定关系中,修饰名词的成分有指别词/领有词、数词、形容词。它们的语序分布具有倾向性。见下面英汉例示及其分析:

(80) a. those injured people
  b. many yellow ribbons
  c. my five-year-old son
  d. the three naughty boys

(81) a. 他的三本旧书
  b. 这些诚实的学生
  c. 我们所有的美好记忆
  d. 鲁迅的几部批判性作品

上述英汉多重限定结构中,各例的组成成分不同,但语序倾向性关系都有序可循。具体来说,those injured people(80a)属于"指别词

+形容词+名词"定中结构,many yellow ribbons(80b)属于"数词+形容词+名词"定中结构,my five-year-old son(80c)属于"领有词+数量词+形容词+名词"定中结构,the three naughty boys(80d)属于"指别词+数词+形容词+名词"定中结构。它们语序上完全遵循POC原则。例(81)中,多重限定关系"他的三本旧书"(81a)表现为"领有词+数量词+形容词+名词","这些诚实的学生"(81b)表现为"指别词+形容词+名词","我们所有的美好记忆"(81c)表现为"代词+量词+形容词+名词","鲁迅的几部批判性作品"(81d)表现为"领有词+数量词+形容词+名词"。上述多重限定关系中,修饰语之间的语序分布完全符合 Dik(1997)的 POC 原则。即指别词/代词前置于数词和形容词,数词前置于形容词。说明,POC 原则具有跨英汉普遍性。

4.3.2 英语多项限定关系的语序倾向性及其结构化程度

总体而言,英汉多重限定关系表现出如下倾向性:"指别词/领有词＞数词＞形容词"。但是,这种语序格局在英汉语言中的结构化程度存在差别。英语中,多重限定语的语序自由度很低,一般不受语用或语篇功能表达的影响。见下面例示及其分析:

(82) a. two beautiful pictures.   b. *beautiful two pictures.
(83) a. those out-of-date dress.   b. *out-of-date those dress.

上面两组例句中,a 句成立,b 句不成立,主要与它们的语序有关。具体来说,(82a)属于"数量＋形容词＋名词"语序,(83a)属于"指别词＋形容词＋名词"语序,两种语序关系均符合 POC 原则。而它们对应的语序关系(82b)和(83b)分别属于"形容词＋数量＋名词"和"形容词＋指别词＋名词"语序。这两种语序关系均违背了 POC 原则,因而不合语法。由此可见,英语中上述两种语序的结构化程度较高。

英语中,限定成分更多的结构中,限定成分语序上也表现出具有规律性的倾向性。根据限定成分的语义性质及其与中心词之间的修饰关系,它们之间语序上表现出两种倾向性分布(符号"＞"表示"倾向前置于"):

(A) 数量＞新旧＞颜色＞国别＞方式＞材质＋名词
具体例示如:
(84) a. a new German timing device

b. *a German new timing device
(85) a. three light-red handmade skirts
   b. *three handmade light-red skirts
(86) a. four old-looking grey wooden houses
   b. *four grey old-looking wooden houses

上述 a 组多项限定结构中,各限定成分的语序分布均遵循格式(A),没有违背的现象。而 b 组语序关系因违背格式(A),致使它们语序上不合格。具体来说,例(84b)中表示国别的形容词前置于新旧形容词(a German new timing device)语序,违背了格式(A);例(85b)中,表示方式的形容词前置于颜色形容词(three handmade light-red skirts)语序,违背了格式(A);例(86b)中,表示颜色的形容词前置于新旧形容词(four grey old-looking wooden houses)语序,违背了格式(A)。也就是说,上述 a 组多项限定关系均不能发生语序变化。说明,它们也具有一定程度的结构化。

(B) 数量＞尺寸＞新旧＞颜色＞材质/用途＋名词

具体例示如:
(87) a. two small new green silk evening dress
   b. *two small silk new green evening dress
(88) a. a short red rain coat
   b. *a red short rain coat

上述 a 栏多项限定结构中,各限定成分的语序分布均遵循格式(B),没有违背的现象,因此均为合格语序关系。而 b 栏语序关系因违背格式(B),致使它们语法上不合格。具体来说,例(87b)中表示材料的形容词前置于新旧和颜色形容词(two small silk new green evening dress)语序,违背了格式(B);例(88b)中,表示颜色的形容词前置于尺寸形容词(three handmade light-red skirts)语序,违背了格式(B)。也就是说,上述 a 栏多项限定结构均不能发生语序变化。说明,它们也具有一定程度的结构化。

英语中,出现上述(A)、(B)两种交叉语序格局是由于,自然语言交际中因语境的需要,不常出现能够同时满足两种语序格局之和的情况。出于交际省力原则或语用经济性原则以及避免结构复杂度,英语使用后置定语从句,以避免头重脚轻的复杂修饰关系。英语中,多重限定关系没有语序自由度,因为各限定成分之间的语序倾向性关系,具有较高程度的结构化。

4.3.3 汉语多项限定关系的语序倾向性及其结构化程度

汉语中,多重限定成分之间也存在语序倾向性和竞争关系,但也表现出基本规律性,只是与上述英语中多项限定关系的语序倾向性不完全一致。马庆株(1995)根据调查,概括出如下汉语多重限定关系的语序倾向性原则。为方便讨论,我们将其称为(Ⅰ)型(符号">"表示"倾向前置于"。下同):

(Ⅰ)描写性>大小>新旧>颜色>形状+名词

具体例示如下:

(89)旧的红砖砌的大餐厅

(90)中国制造的红色木制大圆桌

上述两个定中例示中,不同限定成分表现出倾向性语序关系。具体来说,例(89)的语序倾向性关系可以抽象为,[新旧>颜色>材料>大小],例(90)的语序倾向性关系可以抽象为,[国别>颜色>材料>大小>形状]。上述两个语序倾向性关系与格式(Ⅰ)不尽相同。差别主要表现在,"新旧""颜色"形容词前置于"大小"形容词。为什么存在这种差别,不得而知,可能与汉语多重限定关系中不同限定成分之间存在一定程度的语序自由度有关。如例(90)还可以表述为"中国制造的木制红色大圆桌"。即"材料"和"颜色"之间具有较强的语序竞争关系。

邢福义(2002:40)根据自己的语料考察,概括出汉语更加复杂的多重限定关系语序格局。为方便讨论,我们将其称为(Ⅱ)型:

(Ⅱ)领属>时地>指别>数量>行为>断事>涵义>性状+名词

尽管这一语序倾向性原则比较复杂,但是其包容性仍不尽理想,还有个别限定成分未被包括进来。见下面例示及其分析:

(91)小王的那两个台湾的中年商务上的男性朋友

(92)那三辆新的灰色德国车

上面两个多重限定结构基本符合邢福义(2002:40)的语序倾向性原则,即Ⅱ型。但是,该语序倾向性原则仍有个别遗漏项,没有包括进来。如例(91)中所含的"台湾的"(来源)、"中年的"(年龄),例(92)中所含的"新的"(新旧)"灰色"(颜色)没有涵盖于(Ⅱ)型语序倾向性原则。

4.3.4 英汉多项限定关系的语序倾向性共相和殊相

1) 英汉多重限定关系的语序倾向性大致相同。
见下面英汉例示及其分析:
(93) a. a beautiful brown leather jacket
　　 b. 一件漂亮的棕色皮夹克
(94) a. that horrible big black dog
　　 b. 那条可怕的大黑狗

对比上面英汉多重限定关系,可以发现,冠词、指别词、形容词的语序倾向性,完全呈对应关系。

2) 英汉多重限定关系的语序倾向性也存在殊相:
A. 英语中,表示年龄关系的形容词倾向出现在国别之前。汉语中,表示年龄关系的形容词倾向后置于国别形容词。见下面英汉例示及其分析:
(95) a. this pretty little Spanish girl
　　 b. 这个漂亮的西班牙小女孩

上面英汉多重限定结构中,指别词(this/"这个")和描述性形容词(pretty/"漂亮的")的语序完全相同。但是,表示大小关系的形容词(little/"小")和国别形容词(Spanish/"西班牙"),语序相反。

另外,许多英汉多重限定关系中,描述形容词、尺寸大小形容词、形状形容词、新旧形容词的语序倾向性都表现出不同。见下面英汉例示及其分析:
(96) a. a nice big square old Chinese wooden table
　　 b. 一张旧的漂亮中式方形木制大桌

对比上述英汉定中结构,可以发现,限定词的语序倾向性存在多处差别。具体来说,英语中形容词的语序表现为,"描述性＋尺寸＋形状＋新旧＋国别＋材料"(96a)。汉语中,形容词的语序表现为,"新旧＋描述性＋国别＋形状＋尺寸＋材料"(96 b)。即英语中,上述 6 类形容词表现为如下倾向性语序关系:描述性＞尺寸＞形状＞新旧＞国别＞材料。汉语中,上述 6 类形容词表现为如下倾向性语序关系:新旧＞描述性＞国别＞形状＞尺寸＞材料。

二者的殊相在于,(i)英语中,"描述性"形容词倾向前置于"新旧"形容词,而汉语中正好相反。(ii)英语中,"尺寸"形容词倾向前置于

"形状"和"国别"形容词,而汉语中正好相反。二者的共相在于,(i)英汉多重限定关系中,数词均倾向分布于其他形容词之前。(ii)英汉多重限定关系中,"材料"形容词均倾向分布于其他形容词之后。

B. 英汉多重定中关系中,如果涉及指别词和领有词,它们在两种语言中的语序倾向性完全不同。见下面英汉例示及其分析:

(97) a. that nice long purple Russian coat of hers
　　　b. 她的那件漂亮的长紫色俄罗斯大衣

上述两例除了指别词与领有关系之间存在语序差别外,其他限定成分在语序方面的表现完全相同。具体来说,例(97a)中指别词 that 前置于其他形容词,领有关系 of hers 以 NRel 语序后置于中心词。也就是说,英语中领有词与指别词之间存在排斥关系。也许是因为,二者都属于指称性很高且不分伯仲的词类,致使二者无法共现。例(97b)中,领有词"她的"前置并紧邻指别词"那件"。说明,汉语中领有词被视为比指别词指别性更高的词类。只是汉语中这种限定成分均前置于中心词的语序格局,结构上显得有些复杂、臃肿。

C. 音节数对英汉多重限定关系的语序制约程度不同。英语中,音节数少的形容词倾向前置于音节数多的形容词。汉语正好相反,音节数多的形容词倾向前置于音节数少的形容词。见下面英汉例示及其分析:

(98) a big square beautiful table
(99) 一个漂亮的方形大桌

例(98)中,三个形容词在语序上表现出如下倾向性关系(符号＞表示"倾向前置于"):big＞square＞beautiful。即三个形容词的语序倾向性与其音节数之间存在对应关系:音节数越少的形容词越倾向于前置,音节数越多的形容词越倾向于后置。这与英语中重成分倾向于后置,是一致性关系。例(99)中,三个形容词在语序上表现出如下倾向性关系(符号＞表示"倾向前置于"):"漂亮的"＞"方形"＞"大"。即三个形容词的语序倾向性与其音节数之间存在逆向关系:音节数越多的形容词越倾向于前置,音节数越少的形容词越倾向于后置。这与汉语中关外式限定关系的语序倾向性一致,即重成分倾向于前置。

4.4 英汉限定语序的不对称性对其形态标志和语序自由度的影响

一般而言,靠语序关系体现语法功能的语言,语序自由度高;靠形态标志体现语法功能的语言,语序自由度低。英汉限定语语序的不对称性对两种语言的形态标志和语序自由度都有影响。英语使用不同形态标志标识限定关系,且不可省略,造成英语定中结构内部各限定成分的语序自由度很低。英语中,限定词修饰名词有两种截然相反的语序:"限定词+名词"(Det+N)和"名词$_1$+of+名词$_2$"(N_1+of+N_2)。两种对立性语序并不代表英语中定语具有很高的语序自由度。这是因为,无论是 Det+N 语序还是 N_1+of+N_2 语序,都不影响整个名词性短语的句法和语义功能。两种语序需要的形态标志复杂度不同,表现出"前少后多"特质,而且松紧度也不同,表现出"前松后紧"特质。见下面例示及其分析:

(100) a. a three-legged table   b. a table of three legs
(101) a. an important issue   b. an issue of importance

上面两组定中例示中,a 句属于 Det+N 语序,b 句属于 N_1+of+N_2 语序。这种语序差别与汉语定中结构中的前后语序(如"旧手机送人"与"手机,旧的,送人")差别存在本质区别。英语中,Det+N 语序和 N_1+of+N_2 语序不是移位现象,都属于句法规则。由于两种语序的结构化程度和使用频率没有显著差别,二者并无语序优劣之分。但由于限定成分左右分布,造成其形态标志在复杂度方面存在差异:限定词前置需要简单的形态标志,如 three-legged(100a)、important(101a);后置需要复杂的形态标志,如 of three legs(100b)、of importance(101b)。其实,这种左右语序分布有其理据,形容词体现事物的性质、特征,修饰名词无需额外形态标志,属于依附语标识(dependent-marking)模式。名词体现事物的属性、内容,修饰另一个名词往往需要借助额外形态标志,如介词 of 等。即使是前置作定语,同样需要额外形态标识,如 president's visit、manager's designation。这也属于依附语标识模式。由此可见,英语中语序对形态有一定程度的制约作用。英语中,定中语序的不对称性也致使限定成分与中心词之间在节律、松紧度方面存在差别。相比之下,Det+N 语序的节律强于 N_1+of+N_2

第四章 英汉定中关系之语序、标识模式及关系化策略异同

语序。具体来说,英语中 general manager 的节律强于 secretary general,good thing 的节律强于 nothing good。但是,Det＋N 语序相对于 N_1＋of＋N_2 语序,松紧度正好相反,表现出"前松后紧"特质。具体来说,前置限定结构 a hard-to-pronounce Chinese sound 中,可插入 very、extremely 等副词,说成 a very/an extremely hard-to-pronounce Chinese sound,而后置限定结构 a Chinese sound hard to pronounce 中,不能插入任何修饰成分。如英语中不能说*a Chinese sound very/extremely hard-to-pronounce。这就是本研究上面所说的定中结构"前松后紧"不对称现象。

英语中,定语的不对称性造成定中结构形态上表现出"前少后多"特质,松紧度上表现出"前松后紧"特质,其实有其认知语用动因。具体来说,Det＋N 语序属于一致式①结构,符合人类的最一般时空顺序。一致式结构往往用简单、具体的语序来表征,如 small car、my home、English book。而 N_1＋of＋N_2 语序属于转喻式结构,不符合人类认知的最一般时空顺序。转喻式结构往往用复杂、抽象的语序来表征,如 sense of humor、the departure of the plane。生成语言学理论认为,一致式定中结构的扩展能力强,容易扩展为 Det_1＋Det_2＋Det_3＋N 结构,而转喻式定中结构的扩展能力弱,不易扩展为 N_1＋of＋Det_1＋Det_2＋Det_3＋N_2 结构。英语中,无论是 Det＋N 语序抑或 N_1＋of＋N_2 语序,限定成分之间不存在语序自由度,各限定成分的前后语序是固定的。

当然,Det＋N 语序的"前松"特质会造成歧义性。如 the late people 可有两种解读:"过世的人"或"迟到的人",the slow students 既可以理解为"学习不好的学生",也可以理解为"行动迟缓的学生"。而 N＋Det 语序的"后紧"特质会避免歧义性。如 the people who are late、the students who are slow 分别只能有一种解读:前者为"迟到的人",后者为"行动迟缓的学生"。

汉语使用助词"的"以前置语序标识限定关系,且常常可以省略。这使得汉语多重定中结构内部不同成分之间,具有一定程度的语序自由度。汉语中,尽管多重限定成分不存在类似英语那样的语序左右分

---

① "一致式"指"更加靠近外部世界的事态"的表达方式。"转喻式"指,当一个词汇语法(lexico-grammatical)形式不是用于表达它原先通常所表达的意义时,这个表达式就是转喻式(Thompson 2004:222-223)。

87

布不对称现象,但是也同样表现出"前松后紧"特质,只是形态上没有"前少后多"现象,但是表现出"长多短少"现象。首先来看,汉语多重定中结构内部不同成分之间具有一定的语序自由度情况。见下面例示及其分析:

(102) a. 工作勤奋的职员。

　　　b. 勤奋工作的职员。

(103) a. 学习刻苦的学生。

　　　b. 刻苦学习的学生。

上述两组例示中,前置的限定成分有两种不同语序分布:a式和b式。其中,a式因外延宽泛,内涵狭窄,而属于外延性限定关系;b式因外延狭窄,内涵宽泛,而属于内涵性限定关系。判别外延性限定关系和内涵性限定关系的标准之一是,看其中能否插入相应的副词。能够插入副词的属于前者,不能插入副词的属于后者。具体来说,"工作勤奋的职员"(102a)、"学习刻苦的学生"(103a)可以分别说成"工作十分勤奋的职员""学习非常刻苦的学生",而"勤奋工作的职员"(102b)、"刻苦学习的学生"(103b)不能说成"*十分勤奋工作的职员""*非常刻苦学习的学生"。另外,从两种语序分布也可以看出,汉语中前置性限定成分之间具有一定程度的语序自由度,且同时表现出"前松"特质。至于形态上表现出"长多短少"现象,可以通过下面例示得到验证,"他那些过去经常在一起工作的朋友""这种用大块石头造的拱桥"。上述两例中,所有的单一修饰成分后都不带限定标识"的",只有小句修饰成分后必带限定标识"的"。这就是上面所谓的"长多短少"现象。

汉语多重定中结构内部,不同成分之间具有一定程度的语序自由度,可能既与汉语缺乏丰富的限定形态标志有关,也与汉语中韵律功能表达有关。另外,可能还与汉语中许多情况下修饰成分前后置往往不影响其语义功能有关。如我们既可以说"鸡蛋,十元三斤",也可以说"鸡蛋,三斤十元",二者之间只是语用功能不同而已。

汉语口语中,可以使用后置定语,这并不会导致其借助其他多余标识手段,只是这种语序结构相对于"定语+中心词"属于绝对劣势语序。见下面例示及其分析:

(104) a. 那人是(一)个胆小鬼。

　　　b. 那人胆小鬼一个。

(105) a. 今天不来的学生一律算旷课。

b. 学生,今天不来的,一律算旷课。

汉语中,多音节熟语作限定语,一般不能发生类似"中心词＋定语"的语序变化。见下面例示及其分析：

(106) a. 丧心病狂的人　　b. *病狂丧心的人

(107) a. 鼓舞人心的信息　　b. *人心鼓舞的信息

上述两组例示中,只有 a 式合乎语法,b 式不合乎语法,主要与其中熟语的语序自由度很低有关。语序自由度等级原则(Word Order Mobility Hierarchy/WOMH)(C. Lehmann 1992：165-166)认为,"一个语言成分的语序自由度(WOM)随着句法组合层级的升高而递升,词内语素的语序自由度低于短语内各词项的语序自由度,短语内各词项的语序自由度低于句内短语的语序自由度"。这也是例(104)、(105)可以发生语序变化的依据。

从以上讨论,可以看出,1) 汉语中,限定成分不存在类似英语那样的语序左右不对称现象,但限定语也表现出"前松后紧"特质。2) 汉语中,限定标识表现出"长多短少"现象,而不是英语的"前少后多"现象。3) 汉语多重定中结构内部不同成分之间具有一定的语序自由度,英语多重定中结构内部各成分的语序非常稳固。

4.5　语言类型学格局中的英汉限定语语序关系

人类语言中,指别词、数词、形容词、介词、副词以及关系从句的语序不是任意的,而是有规律可循的。多数情况下,一种语言中这些成分的语序与其核心参项的基本语序之间存在跨范畴和谐(cross-category harmony)关系。即一种语言中,核心参项的基本语序决定并制约着其他成分的语序分布。Croft(1990/2003：237)根据大量跨语言样本调查,概括出形容词、数词与名词之间的语序组配格局。具体例示如下：

(108) a. 形容词＋名词 & 数词＋名词
　　　 b. 名词＋形容词 & 数词＋名词
　　　 c. 名词＋形容词 & 名词＋数词
　　　 d. *形容词＋名词 & 名词＋数词

从上面语序矩阵关系,可以看出,1) 形容词、数词有三种可能的语序分布。2) 这三种语序分布具有不平衡性。其中,只有(a)式和(c)

式表示的蕴含共性之间具有和谐关系。这些语言中,形容词与数词同侧,语序上具有对称性。3)(b)式中,形容词后置于名词,数词却前置于名词,两种语序都属于优势语序。(d)式中,形容词前置于名词,数词后置于名词,很少语言使用这种语序。

从以上蕴含关系,可以看出,形容词的语序相对比较灵活。英汉语言中形容词、数词的语序组配关系属于(a)式。从跨语言角度来看,并非属于主导型语序类型。

Dryer(1991)通过对271种语言样本的统计,概括出形容词、数词的倾向性语序格局。见下面组配关系及其数据:

(109) a. 形容词＋名词 & 数词＋名词　85
　　　b. 名词＋形容词 & 名词＋数词　122
　　　c. 名词＋形容词 & 数词＋名词　51
　　　d. *形容词＋名词 & 名词＋数词　13

从上表,可以看出,使用"名词＋形容词 & 名词＋数词"语序(b式)的语言最多,约占45%。这与Hawkins(1983:75)概括的语序格局,完全一致。详见本书第二章2.4节归纳。其次是a式:"形容词＋名词 & 数词＋名词",约占31%。而倾向于c式语序的语言更少,倾向于d式语序的语言非常少。人类语言中,为什么形容词、数词的语序倾向于b式而不是a式?这非常值得深入研究。另外,相对于a式,b式的语序稳固性更高,语序关系也更加纯洁。这与一种语言使用"名词＋关系从句"语序有关,因为"名词＋形容词 & 名词＋数词"(b式)语序与"名词＋关系从句"之间存在跨范畴和谐关系,因此属于优势语序(Hawkins 1983:75;Dryer 1991)。跨语言的调查同时表明,"数词＋名词""形容词＋名词""领有词＋名词"语序最不稳固,其常见的且唯一的语序演化方向是"名词＋数词""名词＋形容词""名词＋领有词"语序。

4.6 英汉限定语的语法层次关系

如何标识限定关系是一种语言的主要类型学特征之一。定中结构功能上表现为一个名词性单元(nominal unit),诸限定成分之间是并列关系,其中小句的语法关系等级高于词汇性限定成分,但语序上却表现出词汇性限定成分倾向前置于小句。这一语序倾向性具有跨

第四章
英汉定中关系之语序、标识模式及关系化策略异同

英汉普遍性。汉语中,多项限定词之间表现出如下语法层次关系。为方便讨论,此处以"他们的一个最要好的朋友"为例,进行分析和讨论。具体图示及其分析如下:

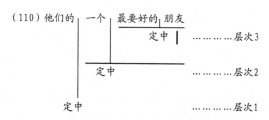

图 4-1 多重限定词层次关系图(邢福义 2002:41)

上图可作如下解读:1)名词性短语"他们的一个最要好的朋友"(110)包含三个限定成分,由外向内依次是"他们的""一个""最要好的"。2)上述三个限定成分表现为"代词+数量+副形"语序。邢福义(2002:41)认为,这三个限定成分的语法层次不同,其中代词性限定语"他们的"属于第一层次,数量成分"一个"属于第二层次,副形短语"最要好的"属于第三层次。这样划分有一定合理性,只是划分的依据不明确。因为上述限定性成分的语序可以根据语境发生变化,如"一个他们最要好的朋友"。前者("他们的一个最要好的朋友")属于外延性限定关系,可以抽象为"领有语+数量"结构。后者("一个他们最要好的朋友")属于内涵性限定关系,可以抽象为"数量+领有语"结构。也就是说,汉语中外延性限定关系与内涵性限定关系之间可以相互转换,这是汉语比较典型的类型学特征之一。按照邢福义(2002:41)图 4-1 的划分思路和方法,内涵性限定关系"一个他们最要好的朋友"中三个限定成分的语法层次关系应该是,数量成分"一个"属于第一层次,代词性限定语"他们的"属于第二层次,副形短语"最要好的"属于第三层次。从语义功能来看,前者的限定性较弱,内涵也较窄,描写性更强。后者则完全不同:限定性较强,内涵较丰富,区别性更强。吕叔湘(1984)、陆丙甫(2006)认为,这主要与领有词前的限定成分有关。汉语中,前者相对于后者属于优势语序,学界(刘丹青、唐正大 2012)对此已有不少共识,但是这些研究均没有对此给出具体的功能或动因解释。其实,这与代词("他们的")的可别度高于数词("一个")有关。所谓可别度是指一个概念的指称性或定指性。可别度领前原则认为,在相同语境条件下,可别度高的成分倾向前置于可别度低的

成分(陆丙甫 2005;席建国 2013:44-54)。具体来说,在上述三个限定成分中,代词性领有语"他们的"的可别度最高,数量成分"一个"的可别度次之,副形短语"最要好的"的可别度最低。因此,它们表现出如下语序关系(符号＞表示"倾向前置于"):"他们的"＞"一个"＞"最要好的"。上述语序差别在汉语中完全是语用性的,而与句法规则无关。

例(110)中,三个限定词属于词汇性成分,其句法等级关系完全相同。这一点可从下面分析得到验证,上述定中结构其实是由三个具有相同中心词("朋友")的名词短语("他们的朋友""一个朋友"和"最要好的朋友")合并而成的左分叉结构。前一种关系属于聚合关系(paradigmatic relation),后一种关系属于组合关系(syntagmatic relation)。也就是说,上述多项限定结构是聚合关系和组合关系互动的结果,体现了汉语限定关系的语用经济性特征。

汉语中,小句作限定成分与词汇性限定成分的句法等级关系,完全相同。这属于典型的 SOV 型语言的句法特征。见下面例示及其分析:

(111) 中国制造的产品。

(112) 那个摔坏的手机。

上述两例中,小句与词汇性限定成分均位于中心词的左侧。具体来说,例(111)中"中国"与"制造的",例(112)中"那个"与"摔坏的",均以前置语序修饰各自的中心词。它们均表现出词汇性限定成分的句法-语义功能特征,句法等级关系没有差别。这与英语完全不同。

英语中,词汇性限定成分均以前置为绝对优势语序。见下面例示及其分析:

(113) that marvelous car

(114) our valuabe property

上述两例属于典型的 AdjN 语序格局。其实,按照 Hawkins(1983:75)的跨语言调查,AdjN 语序并非属于 SVO 型语言的主导型倾向性语序,反而是 NAdj 语序。其实,英语中也有 NAdj 语序用法,如 secretary general、court martial、envoy plenipotentiary,以及 something important/interesting、anything wrong、nothing special,只是数量很少。前者多为来源于法语的外来词在英语中的语序迁移。

英语中,句法性限定结构 N_1＋of/with＋N_2 语序和 NRel 语序,均后置于中心词,且句法等级关系高于 AdjN 结构。见下面例示及其分析:

(115) a member of the soccer team

(116) a project with large-scale production

(117) Do you know the man that bought the sportscar?

上述三例中,例(115)属于 N_1+of+N_2 语序定中关系,(116)属于 $N_1+with+N_2$ 语序定中关系,(117)属于 NRel 语序定中关系。它们都属于句法层面结构而不是词汇层面结构,其句法等级关系高于 AdjN 定中结构。

4.7 英汉名词的可及性等级关系异同

关系从句作限定语形成的定中结构中,中心词的句法关系不是自足完备的,主要通过定语从句来确定。即这种结构中,中心词的题元功能受到关系从句的制约。这就是语言类型学所说的中心词关系化(relativization of head noun),具体来说就是对某个句法位置上的名词短语所作的一种句法操作。这一过程也被称为关系从句建构(relative clause construction)(Keenan & Comrie 1977)。不同语言实现关系化的方式和策略不同。英语中,关系化手段有两种:一是通过名词加后缀's(N's+N),即 Anglo-Saxon 语序,实现关系化,如 school's library、company's building;二是通过关系代词(relative pronoun/RelPron)、关系词(relativizer/Rel)和介词短语(prepositional phrase/PP)后置于中心词(N+RelPron/Rel/PP),即 Norman 语序,实现关系化,如 a new car which(关系代词) looks very pretty、the dog that(关系词)Mary lost yesterday、a letter from(介词)my German business parter。汉语主要通过"限定词/小句+的"前置于中心词,实现关系化。如对名词"英语书"进行关系化操作,可以得到三种不同结果:"从小王那儿借的英语书""给我英语书的人""比英语书还旧的,(是语文书)"等。上述三例中,名词短语"英语书"在不同句法位置上的关系化程度不同。在有些位置上容易进行关系化操作,如作句子主语的位置,在有些位置上不太容易实现关系化操作,如在介词宾语的位置。这种差别被称为可及性程度(accessibility degree)。所谓可及性是指把一个关系小句中某个名词提取出来作核心的容易程度。Keenan & Comrie(1977)称之为"名词短语可及性等级"(Noun Phrase Accessibility Hierarchy/ NPAH)。相同句法位置上的中心词所允许的关系化操作因语言而不同。中心词的关系化与单项限定成分的限定性质不同。后者中,中心词的语法-语义功能比较单一、明确,主要在句中作主语或宾语。因此,这种定中结构不涉及中心词的关系化问题。人类语言因语序类型不同,中心词的可及性程度各异。同一种语言中,即使是在同一句位也往往存在不止一种名词关系化策略(Keenan & Comrie 1977)。

Keenan & Comrie(1977)通过对50种语言样本进行考察发现,中心词的可及性程度有高有低,且不同关系化策略在不同句法位置上所受到的制约程度不同,但有规律可循。Keenan & Comrie(1977)据此概括出三条有关可及性等级制约(AHC)关系的次原则:

1) 任何一种语言必须能够关系化主语(SU);
2) 任何一个关系化策略必须应用于NPAH上的一个连续段;
3) 原则上,可应用于NPAH上某一点的策略会终止应用于任何一个可及性较低的点。

从上面概括,可以获得以下信息,所有语言中表达主语语法功能的中心词(SU)都可以进行关系化操作,即名词作主语是唯一一项在所有语言中都能够实现关系化操作的语法成分。Keenan & Comrie(1977)将其称为基本关系化策略(primary relativization strategy/PRS),而其他位置上名词的关系化操作被称为次级关系化策略(non-primary relativization strategy)。

基本关系化制约(Primary Relativization Constraint/PRC)包括以下三个条件:

1) 任何一种语言必须具有一个基本关系化策略;
2) 如果某种语言中的基本关系化策略可以应用于NPAH上一个可及性较低的句法位置,那么它也能应用于所有较高的句法位置;
3) 基本关系化策略可以终止应用于NPAH上任何一个点。

Keenan & Comrie(1977)认为,PRC中的基本关系化策略是指AHC1所规定的、任何一种语言都必须有的能够关系化主语的策略。人类语言中,名词短语的可及性等级(NPAH)关系表现出如下规律性特征(符号">"表示"可及性等级高于"):

主语(SU)>直接宾语(DO)>间接宾语(IO)>斜格名词(OBL)>所属名词(GEN)>比较基准(OCOMP)(Keenan & Comrie 1977)

从上述NPAH关系,可以发现,1)越向可及性等级关系的下方,关系化难度越大。即主语最容易关系化,比较基准最难以关系化。

2）可及性等级关系构成一个关系化程度连续统,中间不能跳跃。

综合以上讨论,可以获得以下结论,1）可及性等级其实反映了关系化的可及性难易程度。2）语法关系越高的成分,其可及性程度越高;语法关系越低的成分,其可及性程度越低。

上述可及性等级涉及的单项性蕴含关系,可以用下图来表示：

$$OCOMP \supset GEN \supset OBL \supset IO \supset DO \supset SU$$
$$GEN \supset OBL \supset IO \supset DO \supset SU$$
$$OBL \supset IO \supset DO \supset SU$$
$$IO \supset DO \supset SU$$
$$DO \supset SU$$
$$SU$$

大部分人类语言,尤其是SVO语言都能够实现主语关系化策略,且普遍的情况是,对主语的关系化操作易于宾语,这可能与经济性原则有关。汉语是唯一的例外,表现为宾语的关系化操作优于主语,可能与汉语中关系从句前置于中心词有关（刘丹青2005）。有关主语的关系化操作易于宾语以及汉语中宾语的关系化操作优于主语之动因解释,详见下面4.7.3节讨论。人类语言中,有些语言的主语和宾语的关系化程度比较特殊,如威尔士语和芬兰语中,实现主语和直接宾语的关系化操作不分优劣（Keenan & Comrie 1977）。

Keenan & Comrie(1977)认为,人类语言主要采用以下两个标准来区分不同关系化策略：1）中心词与限定小句在表层句法结构中的相对位置;2）中心词的句法位置是否在限定小句中得以明确表达。第一个标准又可以根据限定小句是在中心词的前面、后面还是中间,划分为如下三种可能的关系化策略（Keenan 1985）：1）前置策略。许多SOV型语言,如朝鲜语、日语都属于这种情况。汉语也属于这种情况,实属例外。2）后置策略。许多SVO型语言,如英语、德语、法语、西班牙语都属于这种情况。3）内置策略。许多VSO型语言,如Bambara语、Diegueno语属于这种情况。第二个标准可以区分出两个关系化策略：有格（+case）策略和无格（-case）策略。在采用有格策略构成的关系从句中,限定小句里有一个名词性成分,明确表达被关系化的名词短语（简称NPRel）的句法位置。此类策略又可以分为两小类：一类通过限定小句中关系代词的格标识来表达NPRel的句法位置,如英语中可通过whose、介词（伴随格with、受格by、对象格to）

实现；另一类通过限定小句中的复指代词（anaphric pronoun）来表达 NPRel 的句法位置。如果限定小句里没有出现一个明确表达 NPRel 句法位置的名词性成分，则称为无格策略。

4.7.1 英语名词的可及性等级

英语是一种在可及性等级上对几乎所有名词性成分均可进行关系化处理的语言。这在人类语言中，非常罕见。见下面例示及其分析：

(118) a. the man who(- case) read almost all Shakespearian works[SU]
　　 b. the man whom(+case) the boys admired with all their heart[DO]
　　 c. the man to whom(+case) the boys sent a book[IO]
　　 d. the man with whom(+case) the boys travelled[OBL]
　　 e. the man whose(+case) book the boys bought for their classmate[GEN]
　　 f. the man whom(+case) the boys run faster than[OCOMP]

上面例示体现六种不同句法位置的关系化策略。具体来说，(118a)是对主语(SU)进行关系化操作，属于无格关系化策略；(118b)是对直接宾语(DO)进行关系化操作，属于有格关系化策略；(118c)是对间接宾语(IO)进行关系化操作，属于有格关系化策略；(118d)是对斜格名词(OBL)进行关系化操作，属于有格关系化策略；(118e)是对所属名词(GEN)进行关系化操作，属于有格关系化策略；(118f)是对比较基准(OCOMP)进行关系化操作，属于有格关系化策略。

以上例示及其分析表明，英语的限定小句中除了使用关系代词外，还可使用不同介词，如 to(118c)、with(118d)进行有格关系化操作，因为"介词＋关系代词"结构可以明确表达一个被关系化的名词短语(NPRel)的句法位置。当然，英语中除了使用介词外，还可以使用关系副词(如 where)进行关系化操作，但属于无格策略。见下面例示及其分析：

(119) a. I don't know where he is.
　　 b. Medicine should not be kept where it is accessible to children.

Keenan & Comrie(1977)根据对英语语料的考察，归纳出如下英语名词的关系化类型学特征("＋""－"分别表示该策略一般可以或不可以关系化该句法位置。下同。）：

关系化策略	可关系化句法位置					
	SU	DO	IO	OBL	GEN	OCOMP
1) 后置,无格	＋	＋	－	－	－	－
2) 后置,有格	－	－	＋	＋	＋	＋

从上面概括可以看出,英语采用两种后置关系化策略：无格和有格。

许余龙(2012)通过对相关语料的考察和统计,就英语的关系化策略作了局部修正,并概括出如下关系化类型学模型：

关系化策略	可关系化句法位置					
	SU	DO	IO	OBL	GEN	OCOMP
1) 后置,无格	＋	＋	－	－	－	－
2) 后置,有格	－	－	＋	＋	＋	＋

许余龙与 Keenan & Comrie(1977)的概括存在唯一的差别是,将英语中有格关系化策略的句法位置从间接宾语(IO)提前到直接宾语(DO),因为英语中使用宾格关系代词 whom 通常都是关系化直接宾语 DO。也就是说,除了主语一个位置上不行,其他 5 个句位上的名词均可以实现有格关系化策略。

英语中,对 whom 使用有格关系化策略的实例很多,本研究只例举下面两例进行分析和讨论：

(120) a. With <u>whom</u> does David make an appointment?
  b. The majority of <u>whom</u> are women, are doubly disadvantaged.

上面两例都是对直接宾语 whom 进行关系化操作,使用的皆为有格关系化策略。

英语中,最典型的无格关系化策略,当属单独使用无格关系代词 that 来介引一个限定小句。that 介引限定小句,属于无格标识,其在 NPAH 中往往倾向分布于宾语后,即对宾语进行关系化操作。另外,that 标识关系从句时,其指称性也具有不平衡性,多用于指称事物,而非人物。见下面例示及其分析：

(121) a. She was the only thing <u>that</u> made life bearable.
  b. I like the way <u>that</u> her hair hangs down.
  c. a fairground mirror <u>that</u> distorts your shape.

  d. It is a movie <u>that</u> engages both the mind and the eye.
  e. an operation to remove glass <u>that</u> was embedded in his leg.
  f. the website <u>that</u> gives you the downlow on the best movies.

  上面6例是从British National Corpus中检索到的语料。在前5页中,that作为关系从句标识,其在NPAH上的句位、关系化策略以及指称性程度呈现出诸多不对称性。具体来说,that以压倒性多数分布于宾语后,即对宾语位置实施关系化操作的频率远高于其他位置。也就是说,that介引定语从句,在NPAH中具有比较明确的句法位置。另外,that在上述6例中的指称性也表现出不对称性和明显的倾向性,只有一例指人,即(121a),其余皆指称事物。这与许余龙(2012)的结论有所不同。许文认为,"[that]不明确编码NPRel的句法位置,甚至也不表达中心名词短语是指人还是指物",看来不够全面。

4.7.2 汉语名词的可及性等级

  与英语关系化采用后置策略不同,汉语一律采用前置策略。即使是关于前置策略,学界对汉语名词短语的关系化策略认识也不完全相同。Chao(1968:148)将汉语名词短语的关系化策略分为两种:描写性的(descriptive)和限制性的(restrictive)。唐正大(2007)将汉语名词短语的关系化策略分为"关外式"(external relativization)和"关内式"(internal relativization)。本质上,二者存在对应关系:关内式关系化策略对应于描写性关系化策略,关外式关系化策略对应于限制性关系化策略。上述两种关系化策略可以落实为如下格式:
  1) 指别词(Dem)—关系从句(Rel)—名核(NP)(关内式)
  2) 关系从句(Rel)—指别词(Dem)—名核(NP)(关外式)
  汉语中,关外式和关内式关系化策略往往并存使用。见下面例示及其分析:
  (122) a. 那个喜欢打游戏的学生　(关内式:描写性的)
     b. 喜欢打游戏的那个学生　(关外式:限制性的)
  上面两句中,中心词"学生"的关系化策略不同。(122a)属于关内式限定关系,(122b)属于关外式限定关系。不同的关系化策略对名词短语的可及性程度产生的影响不同。吕叔湘(1984:214-218)认为,前者中定语从句只有描写作用,后者中定语从句具有决定作用。关内式限定关系相对于关外式限定关系,属于优势语序。我们认为,这与前者遵循可别度领前原则有关。具体来说,关内式限定关系(122a:指别词＋关系从句＋名核)遵循可别度领前原则,而关外式限定关系(122b:关系从句＋指别词＋名核)违背可别度领前原则。这种关系化策略只影响名词的限定程度,不影响名词在句中的句法位置,因此可将其称为微观关系化策略。其实,这种关系化策略仅限于少数语言。

唐正大(2007)通过对带有北京话体裁的四部文学作品《骆驼祥子》《四世同堂》《过把瘾就死》《京语会话》以及叶永烈的35篇传记散文的统计发现,关内式和关外式的分布与关系化对象之间存在高度相关性。具体概括如下:

1) 关内式—对于主语/话题的关系化
2) 关外式—对于宾语的关系化

上述概括仍然存在一定的局限性,因为汉语中许多定语从句有时不带指别词,而是直接限定核心名词,所以也就无需使用关内式或关外式机制加以区别。英汉关系化策略的另一个不同之处在于,汉语不使用形态手段标识有格与无格策略,主要看是否使用复指代词。因此,汉语中无格策略相当于Hawkins(2007:339)所说的空位策略,而有格策略主要是指复指代词策略。见下面例示及其分析:

(123) 一个 X_i 鼻子冻红了的小儿$_i$向铺内探探头,……(《四世同堂(第一部)—惶惑》)

(124) 屋子中躺着一个四十多岁的人,大概就是他曾摔在他 X_i 身上的那个人$_i$。(《四世同堂(第一部)—惶惑》)

例(123)中,数量词"一个"和关系从句"鼻子冻红了"是对主语"小儿"(SU)进行关系化操作。例(124)中,关系从句"摔在"是对宾语"他"(对象)进行关系化操作。上面两句中,定语从句前后没有出现指别词,因此也就不涉及关内式和关外式之别,它们都属于限制性限定关系。

汉语中,如果直接宾语(DO)是一个表示人的名词短语,那么还可以有另一种关系化策略:

(125) 前天小王送他 X_i 到机场的那个人$_i$……(DO)

其实,除了主语和宾语位置上,汉语中名词的关系化策略还可以落实在其他位置上。为方便讨论,我们将例(118)的英语各句对应翻译如下:

(126) a. X$_i$ 几乎读过所有莎士比亚作品的那个人$_i$……(SU)
　　　b. 孩子们五体投地崇拜 Xi 的人$_i$……(DO)
　　　c. 孩子们送他$_i$ 书的人$_i$……(IO)
　　　d. 孩子们与他$_i$ 一起旅行的人$_i$……(OBL)
　　　e. 孩子们买他$_i$ 的书给他们同学的人$_i$……(GEN)
　　　f. 孩子们跑得比他$_i$ 快的人$_i$……(OCOMP)

上述各句采取的关系化策略不同。例(126a)中,关系从句以前置方式对主语"那个人"进行关系化操作。因该句中没有出现复指代词,主语的关系化属于无格策略。例(126b)中,关系从句以前置方式对直接宾语"人"进行关系化操作。因句中未出现复指代词,直接宾语的关系化属于无格策略。例(126c)中,关系从句以前置方式对间接宾语"人"进行关系化操作。因句中出现了复指代词"他",间接宾语的关系化属于有格策略。例(126d)中,关系从句以前置方式对旁语"人"进行关系化操作。因其前出现了复指代词"他",旁语的关系化属于有格策略。例(126e)中,关系从句以前置方式对属格名词"人"进行关系化操作。因其前出现了复指代词"他",属格名词"人"的关系化属于有格策略。例(126f)中,关系从句以前置方式对比较基准"人"进行关系化操作。因其前面出现了复指代词,比较基准"人"的关系化属于有格策略。

从以上例示及其分析,可以看出,汉语将无格策略视为基本关系化策略。这与英语非常相似。另一点相似之处是,汉语采用介词的策略也是有格策略,但介词大多与复指代词连用。上述例示似乎表明,汉语中无格策略与复指代词策略大致呈互补分布。无格策略能够关系化主语,并且还可用于关系化主语和直接宾语两个句位构成的 NPAH 上的一个连续段,但并不应用于比直接宾语低的位置,即无格策略拒绝关系化间接宾语及以下句位。汉语中,复指代词策略拒绝对 NPAH 上最高句位的主语实施关系化操作,但可以对从直接宾语到比较基准构成的一个连续段,进行关系化操作。这完全符合 Keenan & Comrie(1977)概括的名词可及性等级限制条件二(HC2):"任何一个关系化策略必须应用于 NPAH 上的一个连续段"。

其实,在汉语的属格名词位置上又可以细分出两个关系化小类:作为主语修饰语的属格名词和作为宾语(包括动词宾语和介词宾语)修饰语的属格名词。为方便讨论,本研究用 GEN$_{SU}$ 代表前者,用 GEN$_{OBJ}$ 代表后者。见下面分别例示及其分析:

第四章
英汉定中关系之语序、标识模式及关系化策略异同

（127）a. 他父母的房子卖给了同事。
　　　b. 同事买了他父母的房子。

从上例可以看出，汉语中既可以对主语位置上的属格名词"他父母"（127a）进行关系化操作，也可以对宾语位置上的属格名词"房子"（127b）进行关系化操作。

另外，汉语中主语位置上的属格名词能用空位策略关系化，而宾语位置上的属格名词则不能用空位策略关系化，只能借助复指代词实现其关系化操作。见下面例示及其分析：

（128）a. 他父母的房子卖给了同事的那个人。
　　　b. 同事买了他父母（的）房子的那个人。

从（128a）可以看出，主语位置上的属格名词"他父母"能用空位策略关系化。从（128b）可以看出，宾语位置上的属格名词"他父母"则不能用空位策略关系化，只能借助复指代词"那个人"实现其关系化操作。也就是说，汉语中主语位置上的属格名词和宾语位置上的属格名词的关系化策略，表现出不对称性。

许余龙（2012）通过对汉语相关语料的统计发现，汉语中名词的关系化策略呈现出如下特征：

关系化策略	可关系化句法位置					
	SU	GEN$_{SUJ}$	DO	IO	OBL	GEN$_{OBJ}$	OCOMP
1）前置，无格	＋	＋	＋	－	－	－	－
2）前置，有格	－	＋	＋	＋	＋	＋	＋

对比汉语名词的关系化策略与 Keenan & Comrie(1977) 概括的英语名词的关系化策略，可以发现，1) 英语采用后置策略，而汉语采用前置策略；2) 英语中有格策略从间接宾语（IO）位置开始启用，而汉语从直接宾语（DO）位置开始启用。

本研究此处作一点补充说明，其实在汉语口语中，有时名词也可采用后置策略。具体如"学生，经常不来上课的，取消期末考试资格"、"衣服，不穿的，都捐掉"。

4.7.3 汉语名词关系化操作的优先动因及其解释

人类语言中名词主语的关系化操作易于宾语，有人认为可能与经济性原则有关。我们认为，这一结论值得商榷，因为该结论没有对为什么经济性原则对主语的关系化操作优先于宾语更加有效，作出回

答。刘丹青(2005)认为,汉语中宾语的关系化操作优先于主语,可能与汉语中关系从句前置于中心词有关。这一结论也并非可靠,因为该结论没有回答为什么汉语中关系从句前置于中心词会导致宾语的关系化操作优先于主语。本文下面就这两个问题分别进行说明和解释。

本书4.7节已有结论,对主语的关系化操作优先于宾语与前者的语法关系等级高于后者有关。所谓语法等级是指一个名词性成分作主语还是宾语的倾向性程度。越倾向作主语的名词,其语法等级越高;越倾向作宾语的名词,其语法等级较低。名词性成分的可及性程度与其语法关系等级之间成正相关性:语法关系等级越高的成分,其可及性程度越高;语法关系等级越低的成分,其可及性程度越低。为方便讨论,我们将上述关系图示如下:

图 4-2 可及性程度与语法关系等级

从上图可以看出,一个名词性主语的可及性程度与其语法关系等级高低有关,而与经济性原则没有直接、明显的关系。经济性原则是一条语用性很强的原则,其作用对象不具有选择性,也不表现出"重主轻宾"倾向性,因为无论是主语还是宾语位置上的名词,都需要遵循经济性原则。另外,名词性主语的可及性程度高,可能还与信息焦点突显原则有关,因为对主语位置上的名词进行限定,具有描述性质,是交际充分性的需要,而对宾语位置上的名词进行限定,具有更强的限制性质,主要出于表达附加信息的考虑。

至于学界有人认为,汉语中宾语的关系化操作优先于主语,很可能与事实不符。这种"重宾轻主"论所依据的观点:"可能与关系从句前置于中心词有关",也同样值得商榷。就汉语的实际情况来看,很可能是主语的关系化操作优先于宾语,即"重主轻宾"倾向性。主要基于以下动因,一是符合汉语句子组织信息的基本原则,时序性更容易落实于对主语名词的关系化操作。二是汉语一方面大量使用无灵名词作主语,同时还以前置定语和前置状语为压倒性语序(席建国 2013：188-202),致使它们具有了一定程度的话题性(赵元任 1968：113；Haiman 1977；王春辉 2012)。三是定语的语序自由度有利于实现"重主轻宾"和避免因对宾语进行关系化操作而造成大肚子句。这可能正是汉语中更常见主语前使用多项限定成分甚至小句作定语,宾语前不常见多项限定成分而在其后使用补语,表达说明功能的原因。见下面例示及其分析：

(129) a. 借了我电脑的小王已经好几天没见了。
　　　b. 小王,借了我的电脑,已经好几天没见了。
　　　c. 已经好几天没有见借了我电脑的小王了。
　　　d. 我已经好几天没见到小王,他借了我的电脑。

上述四句中,名词"小王"因句位不同,其关系化策略表现形式各异。具体来说,(129a)属于对主语"小王"进行前置式关系化操作；(129b)属于对主语"小王"进行后置式关系化操作；(129c)属于对宾语"小王"进行前置式关系化操作；(129d)属于对宾语"小王"进行后置式关系化操作。

以上例示及其分析表明,汉语中名词作主语和作宾语都可以进行前置式和后置式关系化操作,这在人类语言中实属例外。以往学界一直认为,汉语中名词作主语和作宾语只能进行前置式关系化操作,其实并不算例外。具体来说,几乎所有的 SOV 语言中,名词主语和宾语的关系化操作表现,无不如此。

4.8　结语

英汉语言中,定中关系之间的殊相多于共相。主要殊相有,定中关系的语序结构不同,语法关系的标识手段不同,限定关系的标识隐现程度也不同。主要是由两种语言的语法系统不同造成的。英语定中关系之标识模式表现出如下主要特征：1) 多元但专一。2) 多使用外中心词定语从句语序。3) 定语标识都是句法性的。汉语定中关系之标识模式表现出如下主要特征：1) 标识手段相对单一。2) 限定标识的隐现度"前高后低"。3) 定语标识不是纯句法性的,兼有语用性。4) 助词"的"的弱/非限定标识功能。

英汉多重限定关系的语序倾向性大致相同。英汉语言中,年龄形容词倾向前置于国别,汉语正好相反。音节数对英汉多重限定关系的语序制约程度不同。英语中,音节数少的形容词倾向前置于音节数多的形容词,汉语正好相反。靠语序关系体现语法功能的语言,语序自由度高;靠形态标志体现语法功能的语言,语序自由度低。英语中,Det+N 限定和 N_1+of+N_2 限定不影响整个名词性短语的句法-语义功能,表现出"前少后多"特质,而且松紧度也不同,表现出"前松后紧"特质。汉语中,限定成分不存在类似英语那样的语序左右不对称现象,但限定语也表现出"前松后紧"特质。汉语中,限定标识表现出"长多短少"现象。汉语多重定中结构内部不同成分之间具有一定的语序自由度,英语语言相对非常稳固。

英语中,$N_1+of/with+N_2$ 和 NRel 限定结构的句法等级关系高于 AdjN 结构。汉语中,小句作限定成分与词汇性限定成分的句法等级关系,完全相同,这与英语完全不同。英汉语言中,指别词/代词前置于数词和形容词,数词前置于形容词,具有跨英汉普遍性。

英语是一种在可及性等级上对几乎所有名词性成分可进行关系化处理的语言。这在人类语言中,非常罕见。汉语中,关外式和关内式关系化策略往往并存使用。汉语将无格策略视为基本关系化策略,这与英语非常相似。汉语采用介词的策略也是有格策略,但介词大多与复指代词连用。汉语中,无格策略与复指代词策略大致呈互补分布。英语采用后置策略,而汉语采用前置策略。英语中,有格策略从间接宾语(IO)位置开始启用,而汉语从直接宾语(DO)位置开始启用。我们的研究还发现,汉语的关系化操作表现出"重主轻宾"特点,而非以往学界所说的"重宾轻主",这种关系化操作策略有其动因。

第五章 英汉连词与介词的类型-语序相关性及其动因

5.0 引言

英汉语言中,连词与介词在形态和语序分布方面都表现出规律性特征,而且二者在形态和语序倾向性方面也表现出对应关系,尤以连-介兼类词表现得最为典型。它们介引的句子之间可以相互转换。它们在形态和语序倾向性方面表现出一致性关系。英汉语言中,连-介兼类词在语序自由度方面也表现出许多相似性特征。两种语言中,连词的语序倾向性完全相反,是多种功能、因素共同作用的结果。

本章主要讨论以下议题:连词与介词的形态类型-语序相关性(5.1节);英汉两种语言中连词与介词的语序相关性程度及其动因(5.2节);英汉连—介兼类词的语序倾向性及其语序自由度考察(5.3节);英汉连词的语序倾向性差别及其动因解释(5.4节)。

5.1 连词与介词的形态类型-语序相关性

根据形态构造,连词可以分为三种类型:单元连词(idiosyncratic conjunction)、双元连词(dual conjunction)和复合连词(compositional conjunction)。这与介词从形态上可以分为三种类型:单元介词(idiosyncratic adposition)、双元介词(dual adposition)和复合介词(compositional adposition)(详见席建国(2003:62-64)),完全一致。根据语义功能,连词可以分为并列连词(coordinating conjunction)和从属连词(subordinating conjunction)两种类型。根据语序标识模式,连词可以分为语篇型($S_1 + X_{连} + S_2$[①])和主从型($S_主 + X_{连}$

[①] S_1 表示"前一个小句",X 表示"连接性功能词"(既可以是连词,也可以是介词),S_2 表示"后一个小句"。

+S$_从$①)两种类型。S$_1$+X$_连$+S$_2$型连词用于连接两个句法和语义功能相互独立、自足的句子,使之形成一个更大的语篇单位,二者之间不是主从关系。S$_主$+X$_连$+S$_从$型连词用于连接两个语义上存在逻辑关系的句子,使之形成复合句,二者之间是主从关系。

英语中,连词的 S$_主$+X$_连$+S$_从$ 语序与介词的 SVOX$_介$ 语序之间存在对应关系。汉语中,连词的 S$_主$+X$_连$+S$_从$ 语序与介词(此处仅指前置介词②)的 SX$_介$VO / X$_介$SVO 语序之间存在对应关系。即英汉语言中,连词的上述语序分布与其介词之间存在跨范畴和谐关系。详见下面 5.2 节讨论。其实,连词与介词之间存在对应关系,是一条跨语言共性原则。即 Comrie(1989:74)所概括的"连—介"语序一致性原则(Principle of Conjunctor-Preposition Consistency/PCPC)。PCPC 认为,状语从句的语序总是倾向于跟介词短语作状语的语序保持一致。

5.2 英汉两种语言中连词与介词的语序相关性程度及其动因

5.2.1 英语中连词与介词的语序相关性程度及其动因

英语中,连词与介词在语序方面存在高度对应关系,如连词的 S$_主$+X$_连$+S$_从$ 语序标识模式与介词的 SV(O)X$_介$ 语序之间存在对应关系。英语中,介词介引的状语从句其实就是状语从句的一个小类。见下面例示(引自《英语介词》,祝德勤,2006)及其分析:

(1) a. They had a good discussion <u>before</u> the meeting.(介词)
   b. They had a good discussion <u>before</u> the meeting started.(连词)
(2) a. Great changes have taken place <u>since</u> departure from my home town.(介词)
   b. Great changes have taken place <u>since</u> I departed from my

---

① S$_主$ 表示"主句",S$_从$ 表示"从句"。
② 语言类型学研究发现,人类语言中介词有三种类型:前置介词(preposition/Pr)、后置介词(postposition/Po)和框式介词(circumposition/Cp)。汉语中,前置介词(preposition/Pr)有"于""以"等,后置介词(Po)有"上""里""(跟)……一样""(就)……而言"等。汉语中,常用的框式介词(Cp)有"就……而言""在……之前"等。详见刘丹青(2003:144-146)、席建国(2013:62-75)讨论。

home town.（连词）

上述两组句子中,位于主句和从句之间的 before 和 since 属于连-介兼类词,它们在语序分布方面表现出高度对应关系。因此。两种句式之间可以相互转换。具体来说,before 在(1a)和(1b)中,since 在(2a)和(2b)中分别用作介词和连词。两个连-介兼类词的 $S_主＋X_连＋S_从$ 语序与其 $SV(O)X_介$ 语序之间是完全对应关系,它们分布于句中位置的句法功能也完全一致：表达联系项居中功能。

由于连-介兼类词在类型和语序方面表现出高度对应关系,它们介引的句子之间也存在相互转换性。见下面例示及其分析：

(3) a. before starting the meeting(介词)≈b. before we start the meeting(连词)

(4) a. after going to the store(介词)≈b. after they went to the store(连词)

上述两组例示中,位于左右两栏的状语从句表达的句法功能既有共相也有殊相。共相在于,都属于状语从句。殊相在于,左栏介词 before(3a)、after(4a)介引的状语从句属于转喻式(metonymical realization),右栏连词 before(3b)、after(4b)介引的状语从句属于一致式(congruent realization)。转喻式与一致式之间的差别在于,转喻式句法上表现出一定的标记性,语义较抽象；一致式句法上表现出更多的原生性,语义较具体。

除了使用介-连兼类词介引状语从句,英语还使用纯连词和纯介词介引状语从句。它们在语序方面也表现出高度一致性关系。见下面例示(引自《新编英语语法》,章振邦,1995)及其分析：

(5) a. Jane was sleeping while I was writing my homework.（连词）

b. While I was writing my homework, Jane was sleeping.（连词）

(6) a. They suffered a lot during World War II.（介词）

b. During World War II, they suffered a lot.（介词）

上述两组例句中,介引句子的功能词其词性不同,但是语序完全相同。具体来说,(5a、b)中介引从句使用的是连词 while,(6a、b)中介引从句使用的是介词 during。两个词均可分布于句中和句首位置,语序上表现出高度的一致性关系。为方便讨论,我们将连词 while 与介词 during 在语序分布方面表现出来的一致性关系,概括如下：

表 5-1 连词 while 与介词 during 的语序对应关系

词例 \ 项目	后置	前置
while	$S_主 + X_连 + S_从$	$X_连 + S_从 + S_主$
during	$SV(O) X_介$	$X_介 SV(O)$

除了单元连词,英语中还有复合连词,它们的语序分布与单元连词不尽相同。见下面例示(引自《新编英语语法》,张振邦,1995)及其分析:

(7) He has smoked too much. As a result, he coughs all day.

(8) In the first place, people in service department must be continually taught this attitude.

上面两例中,复合连词位于句首,主要表达语篇功能。它们的语序结构与上面讨论的连词 while(例 5a、b),不完全相同。表面上来看,as a result(7)分布于居中,in the first place(8)分布于句首。其实,二者均属分布于句首位置的情况。它们主要表达语篇功能。这一点不如单元连词 while(例 5a、b)的语序分布范围那样宽泛。复合连词 as a result(7)和 in the first place(8)分布于前后两句之间的位置,表达语篇功能,仍然属于联系项居中现象。也就是说,复合连词虽然有比单元连词更加强大的语篇功能,但是没有后者所具有的语序自由度。这些表现与英语中复杂介词(如 in the front of、with the exception of、with the purpose of、for the sake of、to the advantage of)的相关特征(席建国 2013: 146-149),也完全相同。

综合以上讨论,我们认为,英语中单元连词主要体现句内层面的连接关系,倾向分布于动词后,联系项功能更加突显,前置是语用-语篇功能表达的需要,有一定的语序自由度。复合连词属于语篇层面的连接关系,主要体现语用-语篇功能,即从语篇角度表达联系项功能,语序自由度很低。

5.2.2 汉语中连词与介词的语序相关性程度及其动因

汉语中,单元连-介兼类词在语序方面也表现出高度一致性关系,以至经常难以分辨其身份,最典型的如"跟""因""与""和"等。下面分别举例并进行分析和讨论,先以"跟"为例。见下面例示(引自《现代汉

语虚词词典》,张斌,2001)及其分析:

(9) a. 我昨天跟他一起去公园了。（连词）
    b. 我昨天跟他去公园了。（介词）

上面两例中,连-介兼类词"跟"的用法不同,但是语序标识模式非常相似。具体来说,(9a)中"跟"用作连词,属于 $N_1＋X_连＋N_2$ 语序格式。(9b)中,"跟"用作介词,属于 $N_1＋X_介＋N_2$ 语序格式。二者的词性区别可以这样来识别,"跟"在(9a)中用作连词,主要是因为(9a)"我昨天跟他一起去公园了"的意思是"我昨天同他一起去公园了",故属于连词。"跟"在(9b)中用作介词,主要是因为(9b)"我昨天跟他去公园了"的意思是"我昨天跟着他去公园了",故属于介词。另外,"跟"的词性还可以从其后是否能与后置连词"一起"①搭配,形成"跟(某人)一起"框式连词②来判别。如汉语中,我们习惯说"跟/同/与/和某人一起做某事",但不常说"跟着某人一起做某事"。因此,(9a)属于连词范畴,(9b)属于介词范畴。

汉语中,除了"跟"之外,其他一些连-介兼类词,如"因""与""由于"等在语序分布方面也表现出高度对应关系。见下面连-介兼类词"因"的例示(引自《现代汉语虚词词典》,张斌,2001)及其分析:

(10) a. 因工作太多,昨天干得很累。（连词）
     b. 因故改期。   （介词）

上面两句中,"因"的句法功能不同,但是它们的语序标识模式却表现出高度对应关系。具体来说,"因"在例(10a)中位于句首,用作连词,属于 $X_连＋N_从＋N_主$ 语序格式。在例(10b)中,位于句首,用作介

---

① 本研究将汉语中"一起"的上述用法立类为后置连词,而不是像以往学界普遍、习惯地称之为副词。即汉语中,连词也可以像介词分为前置介词和后置介词那样,分为前置连词和后置连词。其实,汉语中"一起"之类功能词具有多元句法和语义功能性。这与其来源途径和语法化程度不彻底有关。根据《应用汉语词典,2000》"一起"最初用作名词,意思是"同一个处所或方面",如"我们住在一起"。后来演化出副词功能,意思是"在同一个地点",如"我们一起看电影去吧"。其实,"一起"与前置连词"跟""同""和""与"共现使用,还演化出后置连词用法,如"我跟他一起生活",即此例中的"一起"不能视为副词。上述"一起"的后置连词用法是通过重新分析机制分化出来的。

② 汉语中,可以将"跟(某人)一起"之类结构称为框式连词。以往学界习惯将它们分开处理,如将"跟"划归连词范畴,将"一起"划归副词范畴,不尽合理。这种处理方式割裂了其作为一个语法结构所表达的整体性句法功能。其实,汉语中还存在一些可作为参照的语法结构,如"为……起见""自从……以来"等,近年来它们已被学界立类为框式介词范畴(刘丹青 2003:92-94;席建国 2013:86),将其作为一个整体性结构来看待,不失为一种有效、可行的办法。这种处理方式完全符合语言类型学的介词理论框架。

词,属于 $X_{介}$ SV(O)语序格式。对比上述连-介兼类词"因"的两种语序标识模式,可以发现,它们在语序上表现出高度对应关系。

当然,连-介兼类词"因"还可分布于主语后,尽管其连词用法和介词用法表达的句法功能完全不同,但是两种不同用法在语序分布上却表现出高度一致性关系。见下面例示(引自《现代汉语虚词词典》,张斌,2001)及其分析:

(11) a. 我因血压偏高,近日在家休息。（连词）
　　 b. 惠山因泉而出名。　　　　　　（介词）

上面两句中,"因"的用法不同,表达的句法功能也不同,但是在语序分布上却表现出高度对应关系。具体来说,"因"在例(11a)中用作连词,属于 $S_{从}+X_{连}+S_{主}$ 语序格式。"因"在例(11b)中,用作介词,属于 $S+X_{介}+V(O)$ 语序格式。连-介兼类词"因"在上述两句中表达的句法功能完全不同,但是对比它们在上述两句中的语序格式,可以发现,连-介兼类词"因"的连词用法和介词用法在语序上表现出高度对应关系。

连-介兼类词"与"的连词用法和介词用法表达的句法功能不同,但是它们在语序分布上也表现出高度的对应关系。见下面例示(引自《现代汉语虚词词典》,张斌,2001)及其讨论:

(12) a. 伟大的榜样与无穷的力量。　　　（连词）
　　 b. 北方的饮食习惯与南方的不一样。（介词）

上面两例中,"与"的用法不同,表达的句法功能也不同,但是它们的语序标识模式呈高度对应关系。具体来说,"与"在例(12a)中用作连词,属于 $N_1+X_{连}+N_2$ 语序格式。"与"在例(12b)中,用作介词,属于 $N_1+X_{介}+N_2+V$ 语序格式。连-介兼类词"与"在上面两句中表达的句法功能不同,在例(12a)中表示"并列"关系,在例(12b)中表示"比较"关系。但是,它们在语序标识模式方面表现出高度对应关系:均位于前后名词性短语之间,属于典型的联系项居中用法。

汉语中,双元连-介兼类词(如"鉴于""因为"等)在语序上也表现出高度一致性关系。下面分别举例并进行讨论。首先来看双元连-介兼类词"鉴于"的语序分布规律。见下面例示(引自《现代汉语虚词词典》,张斌,2001)及其分析:

(13) a. 鉴于这个地段交通容易阻塞,城市建设局规划年内拓宽
　　　　这条南北要道。（连词）
　　 b. 鉴于以往的经验教训,厂领导决定改变奖金的发放时间

第五章
英汉连词与介词的类型—语序相关性及其动因

和数额。　　　　　（介词）

上述两句中,连-介兼类词"鉴于"表达的句法功能不同,但是其语序分布表现出对应关系。具体来说,"鉴于"在(13a)中用作连词,表示"因果"关系,属于 $X_连+S_从+S_主$ 标识模式。"鉴于"在(13b)中用作介词,表示"依据"关系,属于 $X_介$ SV(O) 标识模式。由此可见,连-介兼类词"鉴于"的 $X_连+S_从+S_主$ 标识模式与其 $X_介$ SV(O) 标识模式之间,语序上存在高度对应关系。

下面来看"因为"用作连词和介词的语序分布规律及其相关性。见下面例示(引自《现代汉语虚词词典》,张斌,2001)及其分析:

(14) a. 因为他年龄太小,我不让他一个人到外地去。(连词)
　　　b. 因为重伤,他劝几位同志多休息一些日子。　（介词）

上面两句中,"因为"的用法不同,句法功能也各异,但是其语序分布却表现出高度一致性关系。具体来说,"因为"在(14a)中用作连词,介引小句"他年龄太小",表示"原因"关系,属于 $X_连+S_从+S_主$ 标识模式。"因为"在(14b)中用作介词,介引名词性短语"重伤",表示"因果"关系,属于 $X_介$ SV(O) 标识模式。对比二者的语序标识模式,可以发现,它们的语序分布结构完全相同:均位于句首介引从句。

汉语中,除了连-介兼类词在语序方面表现出高度一致性关系之外,纯连词之间在语序方面也表现出高度对应关系。见下面例句及其分析:

(15) 古代人说的话是无法听见的了,幸而留传下来一些古代的文字。虽然文字不是语言的如实记录,但是它必得拿语言做基础,其中有些是离语言不太远的,通过这些我们可以对古代的语言获得一定的知识。(吕叔湘·《语文常谈》)

(16) 平头:"那我怎么办呢？我是不是应当为你准备一篇欢迎辞,迎接我的衣锦还乡的恋人;但是你知道,我在老干局的工作是写悼词,到一九九七年,恐怕,我不会写欢迎辞了。那时,如果我的欢迎辞中出现'永垂不朽'或者'默哀'之类字样,你不要骂我!"。(高建群·《最后一个匈奴》)

上面两句中,连词的语序标识模式根据其句位分布,可以划分为以下不同格局。但是,它们在语序上均表现出规律性特征。具体来说,例(15)中连词"虽然""但是"属于 $X_连+S_从+S_主$ 标识模式。例(16)中,连词"但是""如果"也属于 $X_连+S_从+S_主$ 标识模式,"或者"属于 $N_1+X_连+N_2$ 标识模式。对比上面例句中连词的 $X_连+S_从+S_主$ 标识模式,可以发现,它们之间存在完全一致的对应关系。这与汉语中许多双元介词(如"因为""由于""除了"等)的 $X_介$ SV(O) 语序标识模式,非常相似。具体如下面例示,"因为生病,他不能坚持上班""由于台风,道路封闭了"、"除了周末,其他时间都要训练"。并列连词"或者"的 $N_1+X_连+N_2$ 语序标识模式,其实与汉语中单元并列连-介兼类词"跟""因""与""和"的 $N_1+X_连+N_2$ 语序标识模式之间,存在完全一致的对应关系。上面例9)~12)部分已有较为详细的分析和讨论,此处不赘。

从以上例示及其分析和讨论,可以看出,英汉语言中连词与介词两类功能词之间在类型和语序分布方面存在高度一致性对应关系,完全符合 Comrie(1989:74)所概括的"连-介"语序一致性原则(PCPC)所定义的基本特征。

5.3 英汉连-介兼类词的语序倾向性及其语序自由度考察

英汉语言中,连-介兼类词不仅在语序分布方面表现出对应关系,而且在语序倾向性和语序自由度方面也表现出许多相似性特征。见下面例示及其讨论。

5.3.1 英语连-介兼类词的语序倾向性及其语序自由度

英语中,常见的连-介兼类词有 before、after、since、because、until、for、as、but、than 等。它们用作连词,介引小句;它们用作介词,介引名词短语。这些连-介兼类词用作连词和介词时其语序倾向性和语序自由度表现出高度对应关系。见下面连-介兼类词例示(a 句和 c 句均引自 *BNC-BYU* 语料库)中,其语序倾向性和语序自由度方面表现出来的规律性特征(X 表示"附加语",? 号表示"句子带有标记性",* 号表示"句子不合语法"):

(17) a. She felt so lonesome after he left. ($S_主+X_连+S_从$)
  b. ? After he left, she felt so lonesome. ($X_连+S_从+S_主$)
  c. We will leave after lunch. (SV(O)$X_介$)
  d. ? After lunch, we'll leave. ($X_介$ SV(O))
(18) a. I want to think it over before I decide about joining team. ($S_主+X_连+S_从$)

b. ?Before I decide about joining team, I want to think over. ($X_连$ + $S_从$ + $S_主$)

c. She does not like to make a scene before strangers. (SV(O)$X_介$)

d. ?Before strangers, she does not like to make a scene. ($X_介$ SV(O))

(19) a. He has been in the doldrums since she left him. ($S_主$ + $S_从$)

b. ?Since she left him, he has been in the doldrums. ($X_连$ + $S_从$ + $S_主$)

c. His quality of life has improved dramatically since the operation. (SV(O)$X_介$)

d. ?Since the operation, his quality of life has improved dramatically. ($X_介$ SV(O))

(20) a. I feel hard to work at home because there are too many distractions. ($S_主$ + $X_连$ + $S_从$)

b. ?Because there are too many distractions, I feel hard to work at home. ($X_连$ + $S_从$ + $S_主$)

c. She was forced to retire early from teaching because of ill health. (SV(O)$X_介$)

d. ?Because of ill health, she was forced to retire early from teaching. ($X_介$ SV(O))

(21) a. Her hair gradually coarsened as she grew older. ($S_主$ + $X_连$ + $S_从$)

b. ?As she grew older, her hair gradually coarsened. ($X_连$ + $S_从$ + $S_主$)

c. She played a Chopin waltz as an encore. (SV(O)$X_介$)

d. *As an encore, she played a Chopin waltz. ($X_介$ SV(O))

(22) a. You had better put on your sweater, for it's rather cold outside. ($S_主$ + $X_连$ + $S_从$)

b. ??For it's rather cold outside, you had better put on your sweater. ($X_连$ + $S_从$ + $S_主$)

c. The suspects had alibis for the day of the robbery. (SV

$(O)X_介$)

d. *For the day of the robbery, the suspects had alibis. ($X_介$ SV(O))

(23) a. You must not censure him until you know the whole story. ($S_主$+$X_连$+$S_从$)

b. ??Until you know the whole story, you must not censure him. ($X_连$+$S_从$+$S_主$)

c. Don't unwrap your present until your birthday. (SV(O)$X_介$)

d. *Until your birthday, don't unwrap your present. ($X_介$ SV(O))

(24) a. Paul asked Tara out to dinner but she declined. ($S_主$+$X_连$+$S_从$)

b. *But she she declined, Paul asked Tara out to dinner. ($X_连$+$S_从$+$S_主$)

c. He did not speak anything but Greek. (SV(O)$X_介$)

d. *But Greek, he did not speak anything. ($X_介$ SV(O))

(25) a. There is more iron to her than I supposed. ($S_主$+$X_连$+$S_从$)

b. *Than I supposed, there is more iron to her. ($X_连$+$S_从$+$S_主$)

c. They talked on the phone for more than an hour. (SV(O)$X_介$)

d. *Than an hour, they talked on the phone for more. ($X_介$ SV(O))

上述连-介兼类词在例 a、b 中属于连词用法,在例 c、d 中属于介词用法。它们在语序方面表现出高度一致性关系。不仅如此,它们在语序倾向性和语序自由度方面也表现出规律性的相似性关系。具体来说,a、b 句分别属于 $S_主$+$X_连$+$S_从$ 语序格式和 $X_连$+$S_从$+$S_主$ 语序格式;c、d 句分别属于 SV(O)$X_介$ 语序格式和 $X_介$ SV(O)语序格式。上述各例中,连-介兼类词的语序关系无论是否合乎语法,它们的 $S_主$+$X_连$+$S_从$ 语序与其 SV(O)$X_介$ 语序之间,它们的 $X_连$+$S_从$+$S_主$ 语序与其 $X_介$ SV(O)语序之间在语序分布方面均表现出高度对应关系。另外,它们在语序倾向性方面也表现出高度相似性关系,如它们的 $S_主$ ＋ $X_连$ ＋ $S_从$ 语序相对于其 $X_连$ ＋ $S_从$ ＋ $S_主$ 语序,它们的 SV(O)$X_介$ 语序相对于其 $X_介$ SV(O) 语序,属于优势、无标记语序,而后者相对于前者均属于劣势、带标记语序。其中,前两种语序($S_主$ ＋ $X_连$ ＋ $S_从$ 和 SV(O)$X_介$)与 SVO 型语言的基本语序之间是和谐关系。而后两种语序($X_连$ ＋ $S_从$ ＋ $S_主$ 和 $X_介$ SV(O))与 SVO 型语言的基本语序之间是不和谐关系,属于其变异语序。

为方便讨论,我们将上述 9 个连-介兼类词的 $S_主$ ＋ $X_连$ ＋ $S_从$ 语序与其 $X_连$ ＋ $S_从$ ＋ $S_主$ 语序、SV(O)$X_介$ 语序与其 $X_介$ SV(O) 语序的倾向性程度、特征及其规律性概括如下表("＋"号表示"合乎语法","?"号表示"句子带有标记性","＊"号表示"句子不合语法"):

表 5-2 9 个英语连—介兼类词的语序倾向性程度、特征及其规律性

例词 \ 项目	$S_主$＋$X_连$＋$S_从$/SV(O)$X_介$	$X_连$＋$S_从$＋$S_主$/$X_介$ SV(O)
after	＋/＋	? /?
before	＋/＋	? /?
since	＋/＋	? /?
because	＋/＋	? /?
as	＋/＋	? / ＊
for	＋/＋	?? / ＊
until	＋/＋	?? / ＊
but	＋/＋	＊ / ＊
than	＋/＋	＊ / ＊

从上表,可以获得以下信息,1)上述 9 个连-介兼类词的 $S_主$＋$X_连$＋$S_从$ 语序相对于其 $X_连$＋$S_从$＋$S_主$ 语序,属于绝对优势、无标记语序。它们的 SV(O)$X_介$ 语序相对于其 $X_介$ SV(O) 语序,也属于绝对优势、无标记语序。2)上述 9 个连-介兼类词的 $S_主$＋$X_连$＋$S_从$ 语序与其 SV(O)$X_介$ 语序之间,存在高度对应关系。上述 9 个连-介兼类词的 $X_连$＋$S_从$＋$S_主$ 语序与其 $X_介$ SV(O) 语序之间,也同样存在高度对应关系,无论这两种语序是否合乎语法。这同时也说明,Comrie(1989:74)所概括的"连-介"语序一致性原则(PCPC)具有跨英汉语言的普遍解释力。3)as、for、until 三个连-介兼类词的 $X_连$＋$S_从$＋$S_主$ 语序倾向性高于其 $X_介$ SV(O) 语序倾向性。它们的 $X_连$＋$S_从$＋$S_主$ 语序在英语中属于带

标记语序,而它们的 $X_介$ SV(O)语序在英语中属于不合语法语序。由此说明,as、for、until 三个连-介兼类词作连词使用的语序自由度高于其作介词使用的语序自由度。它们在语序自由度方面存在上述差别,其实有其理据:as、for、until 三个连-介兼类词作连词使用,属于句子层面单位,而它们作介词使用,属于短语内成分。这完全符合 WOMH 原则(C. Lehmann 1992:165-166)所定义的基本特征:"一个语言成分的语序自由度随着其句法组合层级的升高而递升,词内语素的语序自由度低于短语内词项的语序自由度,短语内词项的语序自由度低于句子的语序自由度"。也就是说,as、for、until 三个连-介兼类词的高句法等级关系是致使其 $X_连+S_从+S_主$ 语序的语序自由度高于其 $X_介$ SV(O)语序的语序自由度的最直接、根本动因。由此也可以看出,WOMH 原则对英语连词和介词的语序情况,同样具有普遍解释力。

为了更加客观、准确地了解英语连-介兼类词在语序倾向性、语序自由度等方面的特征及其规律性,我们选择下面 7 个连-介兼类词(before、after、since、because、as、for、until)作为观察对象。具体思路和操作步骤,说明如下:1) 通过 *BNC-BYU* 语料库,统计 7 个连-介兼类词的连词用法使用频率,总词数为 1 百万词。2) 算出它们的 $S_主+X_连+S_从$ 语序用法和 $X_连+S_从+S_主$ 语序用法的使用频率及其差比(Y)。二者的差比值越小,说明一个连-介兼类词的语序自由度越高。反之,其语序自由度越低。3) 使用小写首字母代表一个连-介兼类词的 $S_主+X_连+S_从$ 语序,使用大写首字母代表一个连-介兼类词的 $X_连+S_从+S_主$ 语序。具体操作步骤说明如下:(1) 从每页显示的 100 条光标词例句中,数出前 10 页中每页所含的某个连-介兼类词的连词用法的词频数($X_连$)。设一个连-介兼类词在 100 万总词数中的连词用法使用频率为 A。那么,我们可以通过公式 $A=|(X_{连1}+X_{连2}+X_{连3}+X_{连4}+X_{连5}+X_{连6}+X_{连7}+X_{连8}+X_{连9}+X_{连10}/10)\times100|$,算出 A 值。(2) 数出前 10 页中,每页所含某一个连-介兼类词的 $S_主+X_连+S_从$ 语序使用次数。设前 10 页中,每页所含一个连-介兼类词的 $S_主+X_连+S_从$ 语序使用次数之和为 B,那么可以通过公式 $B=(X_{连1}+X_{连2}+X_{连3}+X_{连4}+X_{连5}+X_{连6}+X_{连7}+X_{连8}+X_{连9}+X_{连10}/10)\times100$,算出一个连-介兼类词的 $S_主+X_连+S_从$ 语序在 100 万总词数中的使用频率 B。(3) 设一个连-介兼类词在 100 万总词数中的 $S_主+X_连+S_从$ 语序使用频率为 C,那么我们就能够根据公式 C=100-B,算出 C 值。具体数据列表如下(按一个连-介兼类词的 Y 值大小,由大到小排序):

表 5-3 7个连-介兼类词的 $S_主+X_连+S_从$ - $X_连+S_从+S_主$ 语序的使用频率

例词 \ 语序 \ 数据	$S_主+X_连+S_从$ (%)	$X_连+S_从+S_主$ (%)	Y (%)
until	4544(93.90)	295(6.10)	15.39：1(14.39)
for	5608(81.62)	1263(18.38)	4.44：1(3.44)
because	6390(73.48)	1645(26.52)	2.77：1(1.77)
before	7725(71.89)	3021(28.11)	2.56：1(1.56)
after	8146(70.47)	3513(29.53)	2.39：1(1.39)
as	6072(62.30)	3675(37.70)	1.67：1(0.67)
since	4628(52.26)	4227(47.74)	1.09：1(0.09)

从上表数据,可以获得以下信息,1)上述7个连-介兼类词的 $S_主$ $+X_连+S_从$ 语序倾向性不同,表现出如下等级关系(符号">"表示"倾向性大于"):until(14.39)＞for(3.44)＞because(1.77)＞before(1.56)＞after(1.39)＞as(0.67)＞since(0.09)。2)上述7个连-介兼类词的语序自由度不同,表现出如下逆向等级关系(符号">"表示"语序自由度大于"):since＞as＞after＞before＞because＞for＞until。3)上述7个连-介兼类词的语序自由度与其 $S_主+X_连+S_从$ 的语序倾向性程度强弱之间成反比关系:一个连-介兼类词的 $S_主+X_连+S_从$ 语序倾向性程度越显著,其语序自由度越低;一个连-介兼类词的 $S_主+X_连+S_从$ 语序倾向性程度越模糊,其语序自由度越高。

5.3.2 汉语连-介兼类词的语序倾向性及其语序自由度

汉语中,常用的连-介兼类词有"但、和、跟、与、同、管、凭、任、为了、因为、由于、鉴于"等。它们的连词用法和介词用法也表现出自身的语序倾向性以及规律性特征,而且它们的连词用法和介词用法的语序自由度也不尽相同。见下面这些例示(a 句均引自《现代汉语虚词词典》,张斌,2001)及其分析(X 表示"附加语",？号表示"句子带有标记性",*号表示"句子不合语法"):

(26) a. 我因工作太忙,睡得很晚。($S_从 \ X_连+S_主$)
　　 b. 因工作太忙,我睡得很晚。($X_连 \ S_从+S_主$)
　　 c. ?我睡得很晚,因工作太忙。($S_主+X_连 \ S_从$)
　　 d. 我中间因事打断了好几次,到今年才写成这本书。($SX_介$

V(O))

e. 因事中间打断了好几次，我到今年才写成这本书。(X介 SV(O))

f. ?我到今年才写成这本书，中间因事打断了好几次。(SV(O)X介)

(27) a. 你考与不考，自己决定。(S从 X连＋S主)

b. 考与不考，你自己决定。(S从 X连 S从＋S主)

c. 你自己决定，考与不考。(S主＋S从 X连 S从)

d. 你怎么常常与老爷开玩笑。(SX介 V(O))

e. ?与老爷，你怎么常常开玩笑。(X介 S V(O))

f. ??你怎么常常开玩笑，与老爷。(SV(O)X介)

(28) a. 他由于生病住院，把许多事都放下了。(S从 X连＋S主)

b. 由于生病住院，他把许多事都放下了。(X连 S从＋S主)

c. ??他把许多事都放下了，由于生病住院。(S主＋X连 S从)

d. 他由于种种原因，没有完成这部电影。(SX介 V(O))

e. 由于种种原因，他没有完成这部电影。(X介 SV(O))

f. ??他没有完成这部电影，由于种种原因。(SV(O)X介)

(29) a. 大家因为天气太热，都不想出门。(S从 X连＋S主)

b. 因为天气太热，大家都不想出门。(X连 S从＋S主)

c. ?大家都不想出门，因为天气太热。(S主＋X连 S从)

d. 我因为生病，没去上课。(SX介 V(O))

e. 因为生病，我没去上课。(X介 S V(O))

f. ?我没去上课，因为生病。(SV(O)X介)

(30) a. 公司鉴于他坚持错误，决定开除他。(S从 X连＋S主)

b. 鉴于他坚持错误，公司决定开除他。(X连 S从＋S主)

c. ??公司决定开除他，鉴于他坚持错误。(S主＋X连 S从)

d. 我们鉴于以往的经验教训，决定改变计划。(SX介 V(O))

e. 鉴于以往的经验教训，我们决定改变计划。(X介 SV(O))

f. ??我们决定改变计划，鉴于以往的经验教训。(SV(O)X介)

(31) a. 你管他是什么干部，谁搞特殊都不行。(S从 X连＋S主)

b. 管他是什么干部，谁搞特殊都不行。(X连 S从＋S主)

c. ?谁搞特殊都不行，管他是什么干部。(S主＋X连 S从)

d. 我们管这种现象叫共振。(SX介 V(O))

e. 管这种现象,我们叫共振。(X$_介$ S V(O))

f. *我们叫共振,管这种现象。(SV(O)X$_介$)

(32) a. ?我们以应对目前的挑战,应该立即采取策略。(S$_从$ X$_连$ + S$_主$)

b. 以应对目前的挑战,我们应该立即采取策略。(X$_连$ S$_从$ + S$_主$)

c. 我们应该立即采取策略,以应对目前的挑战。(S$_主$ + X$_连$ S$_从$)

d. 他们以最快的速度跑出教室。(SX$_介$ V(O))

e. 以最快的速度,他们跑出教室。(SX$_介$ V(O))

f. ??他们跑出教室,以最快的速度。(SV(O)X$_介$)

(33) a. ??他任天气多冷,都去上学。(S$_从$ X$_连$ + S$_主$)

b. 任天气多冷,他都去上学。(X$_连$ S$_从$ + S$_主$)

c. ??他都去上学,任天气多冷。(S$_主$ + X$_连$ S$_从$)

d. 她常常任着性子胡闹。(SX$_介$ V(O))

e. 任着性子,她常常胡闹。(X$_介$ SV(O))

f. ??她常常胡闹,任着性子。(SV(O)X$_介$)

上述8个连-介兼类词在例a、b、c中,属于连词用法,在例d、e、f中属于介词用法。它们在例a、b、c中用作连词,以S$_从$ X$_连$ + S$_主$句位分布和X$_连$ S$_从$ + S$_主$句位分布为无标记语序,它们的S$_主$ + X$_连$ S$_从$句位分布相对于其两种语序,表现出一定程度的标记性。这种语序倾向性分布与SVO型语言的基本语序之间是不和谐关系。上述8个连-介兼类词在例d、e、f中用作介词,以SX$_介$ V(O)句位分布和X$_介$ S V(O)句位分布为无标记语序,它们的SV(O)X$_介$句位分布相对于其两种语序,表现出一定程度的标记性。这种语序倾向性与SVO型语言的基本语序之间是不和谐关系。这往往被国内外学界(刘丹青 2003:318-319;Dryer & Gensler 2005:342;席建国 2013:222-230)视为现代汉语最奇特的语序变异现象之一。这也正是上述诸方面的语序变异导致汉语中连-介兼类词的语序自由度较高的原因,并且也是汉语中连-介兼类词的语序自由度远高于英语中连-介兼类词的语序自由度的原因。

对比上述连介兼类词的语序分布格局,可以发现,1)它们在语序倾向性方面表现出高度对应关系;2)几乎所有的连-介兼类词都可以

在 $S_{从}$ $X_{连}$ ＋$S_{主}$ 语序与 $X_{连}$ $S_{从}$ ＋$S_{主}$ 语序之间、$SX_{介}$ V(O)语序与 $X_{介}$ SV(O)语序之间,发生语序转换。3)上述 8 个连-介兼类词的 $S_{主}$ ＋$X_{连}$ $S_{从}$ 语序相对比其 SV(O)$X_{介}$ 语序,表现出较低的句法标记性。也就是说,上述 8 个连-介兼类词作连词使用时的语序自由度高于其作介词使用时的语序自由度。其背后所涉及的动因同样与语序自由度等级原则(WOMH)有关。也就是说,上述 8 个连-介兼类词的连词用法的语序自由度高于其介词用法的语序自由度,是因为前者的句法等级关系高于后者所致。有关语序自由度等级原则(WOMH)的运行机制,5.3.1 节已有详细说明,此处不赘。由此可见,WOMH 原则对于汉语中连词的语序自由度高于介词的语序自由度,同样具有有效的解释力。

为方便讨论,我们将上述 8 个连-介兼类词用作连词和用作介词的语序倾向性规律及其合法性程度概括如下表:

表 5-4　8 个汉语连-介兼类词的语序倾向性程度及其规律性

例词 \ 项目	$S_{从}$ $X_{连}$ ＋$S_{主}$ / $SX_{介}$ V(O)	$X_{连}$ $S_{从}$ ＋$S_{主}$ / $X_{介}$ SV(O)	$S_{主}$ ＋$X_{连}$ $S_{从}$ / SV(O)$X_{介}$
因	＋/＋	＋/＋	？/？
与	＋/＋	？/＋	＋/？？
由于	＋/＋	＋/＋	？/？
因为	＋/＋	＋/＋	＋/？
鉴于	＋/＋	＋/＋	？？/？？
管	－/＋	＋/＋	？？/？
以	？/＋	＋/＋	＋/？
任	？？/＋	＋/＋	？？/？？

从上表,可以获得以下信息,1)上述 8 个汉语连-介兼类词中,大部分("因""与""由于""因为""鉴于")以 $SX_{连/介}$ V(O)、$X_{连/介}$ SV(O)语序为优势、无标记语序,少部分("管""以""任")以 $X_{连/介}$ SV(O)语序为优势、无标记语序。2)上述 8 个连-介兼类词的 $SX_{连/介}$ V(O)语序之间、$X_{连/介}$ SV(O)语序之间,存在高度对应关系。3)上述 8 个连-介兼类词的 $X_{连/介}$ SV(O)语序的句法标记度最低。4)上述 8 个连-介兼类词的 $SX_{连}$ V(O)语序的句法标记度高于其 $SX_{介}$ V(O)语序的句法标记度。5)上述 8 个连-介兼类词的语序自由度表现在 $SX_{连/介}$ V(O)语序与 $X_{连/介}$ SV(O)语序之间。

通过以上例示及其分析,可以发现,1)汉语中,连-介兼类词以 $SX_{连/介}V(O)/X_{连/介}SV(O)$ 语序为优势、无标记语序。这与英语中连-介兼类词的情况有很大不同。为什么汉语中连-介兼类词表现出上述几方面特征以及这些特征与 SVO 型语言以 $SV(O)X_{连/介}$ 语序为优势语序,完全相反的特征,非常值得我们作进一步深入研究。2)汉语中,连-介兼类词的连词用法和介词用法在语序倾向性、句法标记度和语序自由度方面也表现出高度的对应关系。这与英语中连-介兼类词的相关情况非常相似。

为了更加客观准确地了解汉语中连-介兼类词的语序倾向性及其语序自由度特征及其规律性以及二者之间的相关性,我们选择 7 个汉语连-介兼类词"同、与、由于、因为、鉴于、管、以"作为考察对象,进行语料库统计。具体思路和操作步骤说明如下:1)以《围城》(钱钟书)(约 25 万字)为语料,通过 The Lancaster Corpus of Mandarin Chinese (*LCMC*) 语料库(总词数为 1 百万词),统计上述 7 个连-介兼类词在这部书中的 $SX_{连}V(O)$ 语序和 $X_{连}SV(O)$ 语序的分布倾向性及其使用频率。2)采用人工标识的方法,标出上述 7 个连-介兼类词的 $SX_{连}V(O)$ 用法和 $X_{连}SV(O)$ 用法,通过 *LCMC* 语料库统计出两种用法的使用频率。3)算出二者的差比值。差比值越小,说明一个连-介兼类词的语序自由度越大。反之,越小。具体数据列表如下(按 7 个连-介兼类词的 $SX_{连}V(O)$ 语序使用频率值大小,由小到大排序):

表 5-5　7 个汉语连-介兼类词的 $SX_{连}V(O)$- $X_{连}SV(O)$ 语序使用频率

例词 \ 语序 数据	$SX_{连}V(O)$ (%)	$X_{连}SV(O)$ (%)	Y (%)
同	4712(73.99)	1656(26.01)	2.84:1(1.84)
与	3430(78.18)	957(21.82)	3.58:1(2.58)
管	416(19.41)	1227(80.59)	1:4.15(3.15)
以	451(18.14)	2035(81.86)	1:4.51(3.51)
由于	934(16.15)	4850(83.85)	1:5.19(4.19)
因为	827(15.47)	4318(84.53)	1:5.46(4.46)
鉴于	546(13.29)	3563(86.71)	1:6.52(5.52)

从上表数据,可以获得以下信息,1)"同""与"两个连-介兼类词的 $SX_{连}V(O)$ 语序倾向性和使用频率高于其 $X_{连}SV(O)$ 语序,而"管"

"以""由于""因为""鉴于"五个连-介兼类词的 S X_连 V(O) 语序倾向性和使用频率低于其 X_连 S V(O) 语序。2) 上述 7 个连-介兼类词的语序自由度存在差别,表现出如下梯度关系(符号">"表示"语序自由度高于"):"同">"与">"管">"以">"由于">"因为">"鉴于"。即一个连-介兼类词的语序自由度与其 S X_连 V(O) 语序和 X_连 S V(O) 语序的使用频率的差比值大小之间成反比关系:差比值越小,说明一个连-介兼类词的语序自由度越大;反之,越小。3) 上述 7 个连-介兼类词中,双元连词"由于、因为、鉴于"相对于单元连词"同、与、管、以",表现出更加强烈的前置倾向性。为什么它们之间存在这种语序倾向性差别,很值得我们作进一步深入研究。

5.4 英汉连词的语序倾向性差别及其动因解释

英汉语言中,连词的语序分布格局不同,有其功能动因。英汉语言中,连词的语序标识模式可以归纳为如下表达式:

英语连词:SV(O)X_连   汉语连词:S_从 X_连＋S_主/X_连 S_从＋S_主

下面就英汉连词的语序倾向性、规律及其功能动因,分别举例并进行分析和讨论。

5.4.1 英语连词的语序分布格局及其动因解释

英语中,绝大多数连词表现为 SV(O)X_连 语序格局,只有极少数连词可以有 X_连 SV(O) 语序格局。英语中,连词的 SV(O)X_连 语序格局又可以细分为三种模式:1) 句内式;2) 插入式;3) 跨句式。首先来看英语中连词的句内式标识模式及其动因解释。见下面例示(引自 *BNC-BYU* 语料库)及其分析:

(34) She gets very bad-tempered when she is tired.
(35) We must have been burgled while we were asleep.
(36) They called her Miss Mouse because she was so meek.
(37) I like John but I do not find him attractive physically.
(38) I will ask my boss if I can have the day off.
(39) You will fail the exam unless you work hard.
(40) She looked as if she got back to her childhood again.
(41) Note down her telephone number in case you forget.

(42) It is a thrilling movie even though it lacks subtlety.
(43) I stepped aside so that she might come in.
(44) I will stay in Mexico as long as my money holds on.
(45) He left early in order that he would arrive on time.

上面例句中,所有连词均表现为 SV(O)X$_连$ 语序格局(当然,其中有些连词也可以有 X$_连$SV(O) 语序分布,只是相对于其 SV(O)X$_连$ 语序格局,后者属于劣势、带标记语序),且属于句内式分布。这种语序格局及其标识模式,体现出上述连词作为联系项的典型性类型学特征:居中联系前后被联系项。上述连词的 SV(O)X$_连$ 语序格局与 SVO 型语言的基本语序之间是和谐关系。不仅如此,上述连词的 SV(O)X$_连$ 语序格局的规约化程度非常高。另外,这种语序格局与英语中 SV(O)X$_介$ 语序之间存在跨范畴和谐关系。

上述连词在 SV(O)X$_连$ 语序格局中表达的联系项居中功能普遍弱于英语介词在 SV(O)X$_介$ 语序格局中表达的联系项功能。这主要与它们的语序标识模式不同有关。英语中,介词多以"动-介"核心相邻原则[①](Head Proximity Principle/HPP)分布于动词后,如 go into、look at、come aross 等。介词的这种标识模式表达的联系项功能最为强烈,介词一般不能发生语序变化。英语中,连词的 SV(O)X$_连$ 语序格局表达的联系项功能属于逻辑或语篇层面,不属于核心标识模式,其联系项功能远弱于介词的"动-介"核心标识模式(HMM)。不仅如此,英语中连词还表达比介词更加强烈的说话人主观、语用信息。这也许就是,英语中连词也被称为语用标识语(pragmatic marker)的原因之一。有关英汉语用标识语的句法-语用功能的详细讨论,可参见席建国(2009)。英语中,介词的"动-介"核心标识模式有时还涉及"动-介"(VPP)边界纠葛难题,如 stick to、belong to、adhere to 等。许多情况下,我们无法清晰地界定或切分这些短语中介词究竟应该划归与动词组合,还是应该划归与后面的名词组合,形成介词短语。目前,学界将它们处理为动词短语,可能便于学习和教学,但是却掩盖了其中隐含的类型学真相。英语中,连词主要居中连接前后小句,不涉及

---

① "核心相邻原则"主张,语言成分的语序致力于最大限度地保持不同范域的核心尽可能处于相邻位置(Dik,1983:410)。该原则的直接语序制约效果就是导致中心词前置语言(如英语、德语、法语、拉丁语等)和中心词后置语言(如汉语、日语、朝鲜语等)的镜像语序(mirror-image ordering)结构。

"动-连"(VCP)边界纠葛问题。因此,有些连词在 SV(O)X$_连$ 语序格局中的语序自由度相对高于介词在 SV(O)X$_介$ 语序格局中的语序自由度。如例(34)、(35)、(36)、(39)、(44)可以转换成相应的 X$_连$SV(O)语序格局,句子依然成立。见下面例示:

(34') When she is tired, she gets very bad-tempered.
(35') While we were asleep, we must have been burgled.
(36') Because she was so meek, they called her Miss Mouse.
(39') Unless you work hard, you will fail the exam.
(44') As long as my money holds on, I will stay in Mexico.

英语中,有些连词专门用于联系两个具有独立句法功能和语义功能的分句,形成主从复句关系。这种连词及其语序分布属于插入式标识模式,其语篇功能更加明显。见下面例示(引自 *BNC-BYU* 语料库)及其分析:

(46) It is on the fifth floor, so we had better take the elevator.
(47) You are in the right, therefore we should support you.
(48) It is raining hard, however we have to go out.

上面三句中,连词 so(46)、therefore(47)、however(48)均属于插入式语序标识模式。它们是以插入前后小句之间的语序分布形式,体现联系项居中功能的。上述三个连词的插入式语序标识模式连接前后两个句法和语义独立、自足的句子,形成更大单位的复合句。连词 so(46)、therefore(47)、however(48)的这种语序标识模式,表达的联系项居中功能远弱于上面例 34)~45)中连词的句内式语序标识模式。因此,它们有时可以省略不用,句子的句法和语义功能依然完整、自足。

另外,英语中有些连词,特别是一些复合连词,如 in addition、on the contrary、as a result 等,只能以跨句式标识模式体现其联系项居中功能。这类连词的标识模式与上面句内式和插入式标识模式都不同,它们用于连接前后两个完全独立的句子,形成更大的语篇结构关系。不仅如此,它们的语用功能更强。见下面例示(引自 *BNC-BYU* 语料库)及其分析:

(49) Tom needs money and time. In addition, he needs diligence.
(50) You did not bother me. On the contrary, I like your company.
(51) He did not water the flowers for so long. As a result, the flowers died.

上面三例中,复合连词 in addition(49)、on the contrary(50)、as a result(51)均位于前后独立小句之间,标识其联系项功能。它们表达的语篇功能(连接前后两个句法和语义功能独立、自足的小句)和语用功能(说话人的主观意义)相比上面例 34)～45)之类句内式和例(46)～(48)之类插入式,更加强烈。

英语中,除了上述三个复合连词之外,常用的复合连词还有 in a word、on the whole、all in all、in conclusion 等。它们主要用于体现上下两个段落之间存在的逻辑语义关系,并在语篇层面表达连贯功能。它们所表达的语篇功能更加明显。使用复合连词主要体现语用功能和语篇功能,而非句法功能。

英语中,联系项功能最为强大的连词当属并列连词,最常用和最典型的并列连词是 and 和 or。它们几乎可以联系所有的语法范畴,而且它们有不同于其他连词的句法功能、标识模式和功能动因。见下面例示(引自 *BNC-BYU* 语料库)及其分析:

(52) a. Claire has a wide circle of friends and acquaintances.
  b. The office was light and airy.
  c. Sam was born in the country and had a deep affinity with nature.

(53) a. Are they Catholic or Protestant?
  b. We do not know whether he is alive or dead.
  c. Shall we walk or go by bus?

从上面两组例句中连词 and、or 的用法可以看出,它们的联系项功能非常强大,可以联系三种语法性质完全不同的语法范畴。具体来说,它们在(52a)、(53a)中联系名词;它们在(52b)、(53b)中,联系形容词;它们在(52c)、(53c)中,联系动词。根据上述例句中并列连词 and 和 or 的语序分布,我们将其标识模式分别抽象为 $N_1+C_{连}+N_2$、$Adj_1+C_{连}+Adj_2$、$V_1+C_{连}+V_2$ 语序格式。这与其他类型的连词的语序标识模式不同:大部分连词多标识"主-从"之间的逻辑关系(转折、条件、递进、让步、因果等)以及说话人的语用信息,而并列连词 and 和 or 用于标识两个成分(句子、短语或词汇)之间语义上是平行、并列关系,一般不涉及语用因素。使用并列连词 and 和 or 主要体现句法规则,而非语用规则。通过以上讨论,可以看出,并列连词 and 和 or 的联系项功能是其他连词无法企及的。

英语中,绝大多数连词以 $SV(O)X_{连}$ 语序标识"主-从"关系。这种语序相对于其 X$_{连}$SV(O)语序,属于优势、无标记语序。但是,英语中也有少数连词以 X$_{连}$SV(O)语序标识"从-主"关系,且这种语序相对于其 SV(O)X$_{连}$语序,表现出无标记性。见下面例示(引自 *BNC-BYU* 语料库)及其分析:

(54) As you know, I do not like computer games.

(55) As far as I am concerned, this arrangement is quite satisfactory.

(56) Seeing that nobody was enthusiastic about it, they cancelled the trip.

上面三例中,连词 as(54)、as far as(55)、seeing that(56)均以 X$_{连}$SV(O)语序标识"从句+主句"关系。三个连词的这种 X$_{连}$SV(O)语序相对于其 SV(O)X$_{连}$语序,属于无标记语序。这与英语中绝大多数连词以 SV(O)X$_{连}$语序为优势、无标记语序,完全不同。上述三个连词以 X$_{连}$SV(O)语序为常规语序,是多种因素共同作用的结果,如语序相似性原则或语用-语篇功能表达。它们可以视为与 SVO 型语言的不和谐语序现象。其实,这与英语中少数复合介词,如 from then/now on、due to、under present/that condition 等,以 X$_{介}$SV(O)语序相对于其 SV(O)X$_{介}$语序为常规语序,情况非常相似。这些介词以 X$_{介}$SV(O)语序为常规语序,也属于与英语的"动-宾"(VO)结构不相和谐关系。有关英语介词的语序倾向性格局及其特征考察,详见席建国(2013:200-203)讨论,此处不赘。英语中,连词 as、as far as、seeing that 以 X$_{连}$SV(O)语序标识"从句+主句"关系为常规语序,属于 SVO 型语言的严重语序变异现象。

英语中,除了前置连词之外,还有少数框式连词,最典型的如 neither…nor、so…that、not only…but/merely also 等。这类连词的规约化程度较高,一般不能拆分使用,且前后两个连词之间不存在句法范域差别和句法强制性差别。见下面例示(引自 *BNC-BYU* 语料库)及其分析:

(57) It is neither hot nor cold in winter here.

(58) He was running so fast that I could not stop him.

(59) She not only speaks French, but also writes it well.

上述三句中,框式连词 neither…nor(57)、so…that(58)、not only…but also(59)的标识模式表达的联系项功能最为强烈,是句法规则作用的结果。英语中,框式连词的这种语序标识模式的结构化程度相对最高。

5.4.2 汉语连词的语序分布格局及其动因解释

汉语中,连词以 $X_{连} S_{从}+S_{主}$ 语序和 $S_{从} X_{连}+S_{主}$ 语序为优势、无标记语序。这种语序倾向性有其动因,是多种因素、动因共同作用的结果。见下面例示(a 句引自《现代汉语虚词词典》,张斌,2001)及其分析:

(60) a. 固然工作重要,也要注意身体。
　　　b. 工作固然重要,也要注意身体。
(61) a. 似乎他没有听懂我的问题。
　　　b. 他似乎没有听懂我的问题。
(62) a. 由于他坚持不懈,中考他榜上有名。
　　　b. 他由于坚持不懈,中考他榜上有名。
(63) a. 如果他不改变,我们就改变他。
　　　b. 他如果不改变,我们就改变他。
(64) a. 除非敌人投降。否则,必定要被消灭。
　　　b. 敌人除非投降。否则,必定要被消灭。
(65) a. 尽管妈妈生病了,她还是坚持给我们做饭。
　　　b. 妈妈尽管生病了,她还是坚持给我们做饭。
(66) a. 既然他不愿意干,就不要强求他。
　　　b. 他既然不愿意干,就不要强求他。
(67) a. 就算这次比赛失败,我也不会气馁。
　　　b. 这次比赛就算失败,我也不会气馁。
(68) a. 虽然外面下着小雨,他们还是要蹬山。
　　　b. 外面虽然下着小雨,他们还是要蹬山。
(69) a. 无论我们遇到多少困难和挫折,都要坚持下去。
　　　b. 我们无论遇到多少困难和挫折,都要坚持下去。
(70) a. 只要他用心去做每一件事,就一定能有收获。
　　　b. 他只要用心去做每一件事,就一定能有收获。
(71) a. 万一天气下雨也不要紧,我带着伞呢。
　　　b. 天气万一下雨也不要紧,我带着伞呢。
(72) a. 为了大家明天能够早点出发,她提前准备好了早餐。
　　　b. 她为了大家明天能够早点出发,提前准备好了早餐。
(73) a. 只有努力工作,你才能成功。

b. 你只有努力工作,才能成功。

上面例句中,所有的连词"固然"(60)、"似乎"(61)、"由于"(62)、"如果"(63)、"除非"(64)、"尽管"(65)、"既然"(66)、"就算"(67)、"虽然"(68)、"无论"(69)、"只要"(70)、"万一"(71)、"为了"(72)、"只有"(73)都有 $S_从 X_连+S_主$ 和 $X_连 S_从+S_主$ 两种语序分布格局,可以视为汉语中连词的倾向性语序。这种语序倾向性与SVO型语言的基本语序之间是不和谐关系。汉语中,上述连词以 $X_连 S_从+S_主$ 和 $S_从 X_连+S_主$ 语序为优势、无标记语序,是多种因素、动因共同作用的结果。其中,$X_连 S_从+S_主$ 语序是语用-语篇功能表达制约的结果或语序相似性原则制约的结果,而 $S_从 X_连+S_主$ 语序是焦点信息突显原则制约的结果。汉语中,连词相对于介词表达更加强烈的语用-语篇信息。

5.5 结语

英汉语言中,连词与介词在形态和语序分布方面都表现出对应关系,尤其体现于连-介兼类词。两种语言中,连词的主观性意义普遍强于介词。不同类型的连词表达的主观性意义表现出如下等级关系:单元连词<双元连词<多元连词。

英语中,连词的 $S_主+X_连+S_从$ 语序与介词的 $SVOX_介$ 语序之间存在对应关系。汉语中,连词的 $S_从 X_连+S_主/X_连 S_从+S_主$ 与介词的 $X_介 SVO/SX_介 VO$ 语序之间存在对应关系。这种对应关系其实反映了英汉连词与其介词之间存在跨范畴和谐关系,符合 Comrie(1989:74)所概括的"连-介"语序一致性原则(PCPC)所定义的基本特征。

英语中,单元连词体现句内连接关系,倾向分布于主句后,其联系项功能更加突显。复合连词属于语篇连接关系,主要体现语用-语篇功能,语序自由度很低。英语中,连词以 $S_主+X_连+S_从$ 语序为优势、无标记语序。英语中,一个连-介兼类词的语序自由度与其 $S_主+X_连+S_从$ 的语序倾向性程度强弱之间成反比关系:一个连-介兼类词的 $S_主+X_连+S_从$ 语序倾向性程度越显著,其语序自由度越低;一个连-介兼类词的 $S_主+X_连+S_从$ 语序倾向性程度越模糊,其语序自由度越高。

汉语中,连-介兼类词以 $SX_{连/介}V(O)$、$X_{连/介}SV(O)$ 语序为优势、无标记语序。这与英语中连-介兼类词的语序倾向性,正好相反。汉语中,连-介兼类词的连词用法和介词用法在语序倾向性、句法标记度和语序自由度方面也表现出高度对应关系。汉语中,双元连词相对于单元连词表现出更加强烈的前置倾向性。

英语中,连词的 SV(O)X$_\text{连}$ 语序格局与 SVO 型语言的基本语序之间是和谐关系,且规约化程度非常高。连词在 SV(O)X$_\text{连}$ 语序格局中表达的联系项居中功能普遍弱于介词在 SV(O)X$_\text{介}$ 语序格局中表达的联系项功能,主要与它们的语序标识模式不同有关。连词的 SV(O)X$_\text{连}$ 语序格局表达的联系项功能属于逻辑或语篇层面的关系,不属于核心标识模式,其联系项功能远弱于介词的"动-介"核心标识模式(HMM)。

汉语中,连词以 X$_\text{连}$ S$_\text{从}$＋S$_\text{主}$ 语序和 S$_\text{从}$ X$_\text{连}$＋S$_\text{主}$ 语序为优势、无标记语序,是多种因素共同作用的结果:其中,X$_\text{连}$ S$_\text{从}$＋S$_\text{主}$ 语序是语用-语篇功能表达制约的结果或语序相似性原则制约的结果,而 S$_\text{从}$ X$_\text{连}$＋S$_\text{主}$ 语序是焦点信息突显原则制约的结果。

第六章 英汉特殊句式的语序、标记度强弱及其动因

6.0 引言

语法关系体现参与者角色的句法编码方式。人类语言中,通过语序来编码参与者角色的情况多发生在施事与受事之间,使用受事前置于动词的语序,大部分情况下都会导致句子采用带标记语序。人类语言中,动词不可能同时带有主格、通格和作格三种格标识,但可以合并使用其中的两个形态格。学界以往习惯于使用一些基于外部的概念或语法范畴来比较和划分一种语言的语法关系特征。特殊句式是指一种语言中偏离其基本语序结构的句式。特殊句式与基本句式的主要区别表现在四个方面。英汉语言表现出来的 SVO 型基本语序的典型性程度不同。英汉语言实现特殊句式的方式和手段不同。英汉作格句和存现句的句法结构不能简单地用传统语法或生成语法的"主语+谓语(+宾语)"格式来描写,也不能用功能语法的"施事+动作+受事"格式来概括。SVO 基本语序在英汉语言中的优势程度不同,致使存现句在两种语言中的相对句法标记程度也存在差别。

本章主要讨论以下议题:人类语言的基本语法关系(6.1 节);人类语言的形态格分布规律(6.2 节);人类语言的格标识语义角色图(6.3 节);特殊句式与基本语序的关系及其动因(6.4 节);VO-OV 型语言的述谓语序(6.5 节);英汉语言的作格化程度及概念化方式异同(6.6 节);英汉存现句的语序标记度异同、原因及其解释(6.7 节)。

6.1 人类语言的基本语法关系

语法关系体现参与者角色的句法编码方式。参与者角色的编码方式通常有三种途径:1) 格标识(case marking);2) 动词的形态标识

第六章
英汉特殊句式的语序、标记度强弱及其动因

(verb indexation);3)语序(word order)。格标识手段主要用于一些形态曲折语言,借此体现一个参与者的语义角色。如英语中第一人称代词作宾语只能使用宾格 me,而不能使用主格 I。相反,第一人称代词作主语,只能使用主格 I,而不能使用宾格 me。词缀标识多体现于动词的形态上,主要通过动词的词缀变化来体现动词与主语之间的一致性关系。如英语中,第三人称代词的单数作主语其谓语动词要使用 has,而不能使用 have,以体现与主语在语法关系上保持一致。如单数名词作主语,其谓语动词要使用单数屈折形态标识,来体现主谓一致性关系。通过语序来编码参与者角色的情况多发生在施事与受事之间。人类语言中,使用受事前置于动词的语序,大部分情况下都会导致句子采用带标记语序。如英语中,book 位于动词 read 前可以有两种造句方式:The book was read 或者 The book reads well. 同样,汉语中如果"书"位于动词"读"前,也可以有两种造句方式:"这本书读过了""这本书容易读"。两种句式在英汉语言中均属于带标记语序。具体来说,前者属于被动式,后者属于作格式。也就是说,参与者角色的编码方式因语言不同而形式迥异。

传统语法认为,句子可以划分为及物句、不及物句和双及物句。及物句涉及两个论元:主语和宾语,不及物句只涉及一个论元:主语;而双及物句涉及三个论元:主语、直接宾语和间接宾语。见下面英汉例示及其分析:

(1) a. Jack left.
   b. 杰克离开了。
(2) a. Marry saw Jacy.
   b. 玛丽看见了杰西。
(3) a. John threw an apple to Mike.
   b. 约翰给迈克扔了一个苹果。

上面三组句子中,第一组句子(1)属于不及物句,第二组句子(2)属于及物句,第三组句子(3)属于双及物句。上述句子的类型分类主要是基于其中参与者角色的数目及其句法功能,而没有考虑其语义功能。实际上,人类语言句子的语法关系及参与者角色的语义功能,比句法理论者所能想到的要复杂得多。为了更加客观地描述句子的参与者角色及其语法关系,Comrie(1978)、Dixon(1979)、Croft(1991)分别引入了一些更为详尽的体现语义功能的概念和术语。见下面缩略语及其定义:

(4) S：不及物小句主语的参与者角色束(cluster)；
　　A：及物或双及物小句主语参与者角色束；
　　P：及物小句直接宾语参与者角色束；
　　T：双及物小句直接宾语参与者角色束；
　　G：双及物小句间接宾语参与者角色束。

　　学界以往都是使用一些基于外部的概念或语法范畴来比较和划分一种语言的语法关系特征，而使用这套S、A、P、T、G范例的参与者角色术语有时与其基本语义范畴并不匹配，因为S、A、P、T、G具有多义性。因此，它们被称为参与者角色束。当然，即使是在S、A、P、T、G的下层，不同语言中参与者角色的表现形式和程度也并非完全相同。对有些常见欧洲语言来说，通常情况下A与S用相同的方式来标识，T与P用相同的方式来标识。具体来说，英语中S和A是前置于动词的零编码名词短语，P和T是紧随动词之后的零编码名词短语，G多标识介词短语等，如例(3)中to Mike/"给迈克"。传统语法一直固守如下理念：用S+A标识主语，用P+T标识直接宾语。而在另一些语言中，常见的情况是，P（及物小句的宾语）与S（不及物小句的主语），而不是与A用同样的标识方式。这类语言中，A用其他方式来标识。其中，与A有关的格标识被称为作格(ergative)，与S和P有关的格标识被称为通格(absolutive)。因此，这种语言也被称为作格语言。除了常见的两种格标识格局：主格A和宾格P，或者作格A和通格P。还有另外两种格标识格局：作格A和宾格P，或者主格A和通格P。

　　大量跨语言类型学研究表明，上述诸参项构成一个语法等级关系(grammatical hirarachy relation /GHR)。语法等级关系(GHR)具有跨语言普遍性。具体表示如下（">"表示"语法等级关系高于"）：

　　主语(S)>宾语(O)> 旁语(oblique/OBL)(Croft 1991：146)

　　上述语法等级关系可作如下解读，主语的语法等级关系高于宾语，宾语的语法等级关系高于旁语(状语从句、补语等)。

　　上述语法等级关系其实可以概括为一条蕴含共性：如果等级上下一个参项的语法关系是零标识，那么该等级以上的参项也是零标识。反之，不然。这条蕴含共性在一定语言范围内具有可验证性和较强的预测力。具体见下面例示（引自Croft(1991：146)）及其分析：

	S	O	Obl
(5) Latvian	ruden-s	ruden-I	ruden-im
(6) Hungarian	ember-X	ember-t	ember-nek

从上面 Latvian 语和 Hungarian 语例示，可以看出，1) 两种语言中，主语(S)、宾语(O) 和 旁语(OBL)三个参项均有各自不同的格标识。2) 两种语言中，旁语(OBL)都带格标识，其主语和宾语可带格标识。当然，其中也有可不带格标识的情况，如 Hungarian 语的主语。

6.2 人类语言的形态格分布规律

从语用经济性来看，一个动词不可能同时带有主格、通格和作格三种格标识，但可以合并使用其中的两个形态格。一般而言，形态格在及物动词的施事(A)、受事(P)和不及物动词的主语(S)三者中有四种分配关系：一是 S 与 A 合并成主格(nominative case)，P 单独使用一个宾格(accusative case)，即"主-宾"格局(nominative-accusative pattern)。二是 S 与 P 合并成为一个通格(absolute case)，A 单独使用一个作格(ergative case)，即"作-通"格局(ergative-absolutive pattern)。这种语言主要分布于大洋洲(包括澳大利亚、新几内亚)、南亚次大陆、西伯利亚和美洲地区。这两种形态格局在全世界语言中使用的非常普遍。三是中性格局(neutral pattern)。这种格局的语言中，三个成分使用相同形式，即这些语法关系缺乏格标识，这在人类语言中也较常见，只是这类语言通过其他手段，如主谓一致性或语序，来标识及物句中名词是施事(A)或是受事(P)，如汉语。四是三分格局(tripartite pattern)，具体如俄语。这种格局的语言中，施事(A)、受事(P)和不及物动词的主语(S)使用不同格标识。这种若干语法功能共享某些标识的现象是当代语言类型学研究的重要内容之一，被称为"匹配"(alignment)关系。匹配关系可以分为两种类型：宾格匹配(accusative alignment)和作格匹配(ergative alignment)。前者如英语、西班牙语、希腊语，后者如 Yuwaalaraay 语、Gamilaraay 语等(Dryer 1989)。语法关系之间的匹配与合用主要是基于语用经济性的考虑。格标识合用的一个功能基础是"标识系统的功能连续性"(marking-system function connectivity)。即施事、受事和不及物动词与主语之间的分配关系体现"及物性强度连续统"(transitivity strength continuum)上的连续性(Comrie 1989：125)。这种连续性的功能解释具有跨语言普遍性。为方便讨论，我们用下面连续统模式来展示及物动词的施事(A)、受事(P)和不及物动词的主语(S)三者间的

分布格局,具体如下:

(7)　　　　　　A　　　　　　　S　　　　　　　P
　　　　　及物动词的施事　不及物动词的主语　及物动词的受事
主-宾格局: 主格(A+S)　　　　　　　　　　　 受格(P)
作-通格局: 作格(A)　　　　　　　　　　　　 通格(P)
三分格局: _____　　_____　　_____
中性格局: _____　　_____　　_____

从上图,可以看出,1)主-宾格局和作-通格局是及物性强度连续统中最常见的两种分布格局。三分格局极少,而中性格局是没有格标识的语言,但是即使是不使用任何格标识,这类语言也会通过其他语法手段(如语序、主谓一致性等)对语义和语法角色进行标识,如汉语。2)四种格局中,主语的施事性形成一个强弱连续统,表现出自左向右逐渐减弱的趋势。具体见下面图示:

及物动词的施事　　不及物动词的主语　　及物动词的受事
　　　A　　　　　　　　　S　　　　　　　　　P
　　　强　　　　　　　　　　　　　　　　　　 弱

6.3　人类语言的格标识语义角色图

及物事件(transitive event/TE)和不及物事件(intransitive event/IE)的参与者角色编码方式存在显著差异。这种差异可以通过下图来描写(S表示"主语",A表示"施事",P表示"受事"):

(8) 不及物事件(IE)-及物事件(TE)

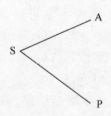

图6-1　及物句-不及物句的参与者角色语义图

上图可作如下解读,1)及物句中,参与者角色S与A合并,构成主-宾格局。不及物句中,S与P合并,构成作-通格局。2)S与A、S

与 P 之间合并体现出这些语法范畴之间的动因联系。前者是主谓一致性匹配关系,如英语。后者是作通一致性匹配关系,如 Yuwaalaraay 语。

另外,还可以用语义图的形式,来描述及物动词的施事(A)、受事(P)和不及物动词的主语(S)三者之间的分布格局。具体如下:

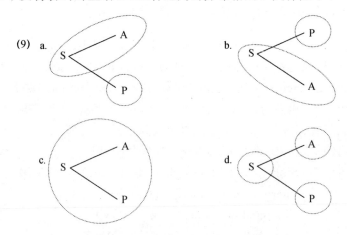

图 6-2 不同格局的句法角色语义图

上面四个语义图分别代表不同的参与者角色匹配关系。具体来说,(9a)表示"主-宾"格局匹配关系,即主谓一致性关系和语序结构关系,如英语。(9b)表示"作-通"格局匹配关系,即主语与通格一致性关系,如 Yuwaalaraay 语。(9c)表示中性格局匹配关系。人类语言中,有些语言把名词短语编码为中性。如英语中,除了少数名词(如actor/actress,waiter/waitor 等),大部分名词都编码为中性,即许多名词不体现性别特征。(9d)表示三分格局匹配关系,这在人类语言中非常罕见。三分标识格局仅存在于一些名词的次类。目前,所报告的使用不同语法手段标识 S,A,P 三个参项的语言,主要分布在澳大利亚昆士兰东南部,包括 wangkumara 语和 Galali 语(Dixon 1994:41)。

6.4 特殊句式与基本语序的关系及其动因

特殊句式是指一种语言中偏离其基本语序结构的句式。特殊句式与基本句式的主要区别表现在以下四个方面,1)前者句法上往往属于带标记、劣势语序，后者句法上属于无标记、语用最中性的语序。2）前者的结构化程度非常低，后者的结构化程度很高。3）前者的使用频率较低，后者的使用频率远高于前者。4）前者主要受制于语用功能表达，后者主要受制于句法规则。

6.4.1 英语特殊句式的语序结构及其特征

英语主要受其 SVO 型基本语序和主语突显型语法特征的影响。英语中，特殊句式的种类较少，常见的有移位句（dislocated sentence）、倒装句（inverted sentence）、存现句（existential sentence）和作格句。为方便讨论，我们用 V 表示"谓语动词"，用 O 表示"宾语"，用 X 表示"副词、形容词等"。分别见下面例示及其分析：

(10) a. Mutton, I don't like.（移位句：OV）
　　 b. So little did I know about him.（倒装句：XVO）
　　 c. There lived an elderly lady.（存现句：OV）
　　 d. The window broke.（中动句：OV）
　　 e. Glass breaks easily.（作格句：OV）

上面四句在英语中被视为特殊句式是因为，它们在语序方面以不同方式偏离了英语属于 SVO 型语言的基本语序（VO）结构（详见 W. Lehmann 1973；Vennemann 1974；席建国 2013：22-23）讨论，此处不赘）。根据 V 与 O/X 的语序关系，上面 4 句皆属于 SVO 型语言的变异现象。具体来说，(10a)属于移位句：宾语 mutton 前置于谓语动词 don't like，即 OV 语序；(10b)属于倒装句：副词 so 介引句子，即 XVO 语序；(10c)属于存现句：表示处所关系的状语 there 前置介引句子，即 OV 语序；(10d)属于中动句（middle sentence）：原来用作受事的名词 window 在句中位于主语的位置，而二价动词 break 只有一个论元 window，语序上属于 OV 结构。(10e)属于作格句：原来用作受事的名词 glass 在句中位于主语的位置，而动词 break 仍然保持与其及物用法完全相同的形态，属于"作-通"格用法。人类语言中，作格句相对于"施事-行为"句属于带标记语序（Comrie 1989：125；Nichols 1992：90；Siewierska 1996）。(10e)表达的语义功能与(10d)不同：(10d)这种中动句表示"window 的破裂状态"，而非结果；而(10e)这类作格句表示"名词 glass 的易碎属性"。详见席建国(2010)讨论。

从上述例示及其分析，可以看出，1）英语属于比较典型的"主-宾"

格语言,且以单一的 SVO 型语序为绝对优势语序。任何违背 SVO 型语序结构的句子都被视为特殊语序现象。2)英语中,绝大多数动词都不具有双向性,致使英语的作格化[①](ergativization)程度很低(相对于汉语,详见本书 6.6.5 节讨论)。

6.4.2 汉语特殊句式的语序结构及其特征

汉语属于很不典型的 SVO 型语言(刘丹青 2003)或 SVO-SOV 混合型语言(金立鑫、于秀金 2012),其基本语序的 SVO 型语言倾向性程度相对比英语要低得多,而且汉语表现出主题突显型(topic-prominant)特征。相对于英语,汉语在语序方面呈现出多元化特征。见下面例示及其分析:

(11) a. 她把鸡吃了。("把"字句:$SX_{把}OV$)
　　 b. 她鸡吃了。(宾语提前:SOV)
　　 c. 鸡她吃了。(话题句:OSV)
　　 d. 鸡吃了。(中动句:OV)
　　 e. 鸡好吃。(作格句:OV)

上面 6 句在汉语中被视为特殊句式是因为,它们的谓语动词(V)与宾语(O)在语序上属于 OV 结构。具体来说,(11a)属于"把"字句,该"把"字结构把宾语"鸡"提前作为处置对象,属于汉语独有的 $SX_{把}$ OV 语序。(11b)属于宾语"鸡"前置现象,是语用功能表达制约的结果。汉语中,几乎所有的 SVO 句式都可以转换为相应的 SOV 句式。这也许是国内外学者至今针对汉语究竟属于 SVO 型语言(Light, T. 1979 (7); Huang, C. T. J. 1982),还是属于 SOV 型语言(Li, C. N. & S. A. Thompson 1974,1975),争论不休的根源之一,甚至有学者(金立鑫、于秀金 2012)通过考察汉语中多对参项的语序组配关系,得出结论认为,汉语属于一种 SVO-SOV 混合型语言(极弱地倾向于 VO 型语言)。(11c)属于一种话题句,即把宾语"鸡"作为话题或信息焦点来处理而前置于主语。(11d)属于中动句,主要是因为动词"吃了"是"作-通"格匹配关系。这种结构在汉语中不属于被动语态,如"手机买了"不能说成"手机被买了"。只是这种结构有时会产生歧义,既可以

---

① 作格化是从作格(ergative)现象衍生而来,属于一种语序类型学特征。作格化表现出如下特征:及物动词的宾语和不及物动词的主语使用相同的格标识,即通格(absolute case)。作格化的表现形式之一就是受事宾语前移至动词前。

解释为:"鸡被人吃了",也可以理解为:"鸡吃过了,不用喂食了"。(11e)属于作格句,主要与助动词"好"①有关。助动词"好""(容)易"在汉语中具有作格化功能。详见席建国(2010)讨论,此处不赘。

从上述特殊句式例示及其讨论,可以发现,1)汉语中,宾语前置可以通过多种手段来实现,既可以通过"把"字结构来实现,也可以通过话题化机制来实现,还可以通过语用-语篇功能表达来实现。2)汉语中,宾语前置句式的使用频率较高,致使动词的行为性和方向性极大弱化,也模糊了汉语的句法规则和语用规则的边界。

以往有研究(如刘晓林 2008)将(11a)、(11d)、(11e)分别称为"准倒装句""倒装句"或"与特殊句式相关的主题句",抑或高顺全(2004:162)将汉语中例(11d)、(11e)之类句式称为"主题句",从语序类型学角度来看,均似有不妥,因为这些称谓表现出根据汉语的语法系统作定义的局限性。

从以上汉语多种句式的分析和讨论,可以看出,1)汉语属于语序自由度较高的语言,各种语序之间可以相互转换,是语用或话题因素而不是句法规则制约的结果。2)汉语中,OV 语序相对于 VO 语序,属于相对性带标记语序,这不像英语中上述特殊句式((10a)~(10e))相对于其 VO 语序,属于强标记语序。3)汉语中,谓语动词不使用任何标识来区别其与施事和受事成分位于主语位置之间的匹配异同,致使大量动词弱化行为性和方向性,这给汉语中受事成分前置、状语前置以及作格化程度增强,创造了有利条件。

汉语中,除了上述比较常规的特殊句式外,还常使用一些语序上更加特殊的句式。见下面例示及其分析:

(12) a. 墙上挂着一幅画。(存现句)

　　　b. 墙角摆一盆花。(方所分配句)

　　　c. 一匹马骑两个人。(特殊方所分配句)②

---

① 不能将作格句中的"好"当作形容词或副词。它是汉语谓语动词实现作格化的辅助手段,应作为助动词来看待。汉语中,除了"好"之外,"(容)易"也常用作作格助动词。

② 特殊方所分配句是相对于方所分配句而言的。后者是指由明确的表示方位关系的后置介词(如"里""上""内""中"等)短语介引的句式,具体例示如"一间办公室里放四张桌子""树上挂些装饰灯"。而前者(特殊方所分配句)不带方位后置介词,或者说省略了方位后置介词。方所分配句在语序上与存现句非常相似,都是由方位后置介词短语介引。不同之处在于,方所分配句/特殊方所分配句中,谓语动词表达"分配"构式义,而存现句中谓语动词表达"存现"构式义。

第六章
英汉特殊句式的语序、标记度强弱及其动因

  d. 一锅饭吃三个人。（容纳句）

  上述句式的句法标记度更高主要有两方面原因：一是它们在语序方面违背了 Greenberg(1966)的语序共性原则 GU1："在带有名词性主语和宾语的陈述句中，优势语序几乎总是主语处于宾语之前"。二是它们在语义方面严重违背了"施事前置于受事"的自然认知规律。具体来说，(12a)属于存现句。这种句式的特殊之处在于，句子是由表示方位关系的后置介词短语"墙上"介引。谓语动词"挂着"表达"存在"构式义。后者可以视为一致式表达，前者可以视为转喻式表达。即用"'挂着'这一状态"转指"'存在'这一状态"。(12b)属于方所分配句，其特殊之处在于，句子是由表示方位关系的后置介词短语"墙角"介引，谓语动词"摆"表达"分配"构式义。后者可以视为一致式表达，前者可以视为转喻式表达。即用"'摆'这一行为"转指"'分配'这一行为"。(12b)与(12a)之间的区别在于，两种句式中谓语动词表达的语义功能不同：体助词"着"具有附加动词和取消动词"挂""摆"表达"存在义"或"分配义"的功能。(12c)属于特殊方所分配句。该句语序上比(12b)显得更加怪异，句子是由定指性程度很低的"一匹马"这种表示"计数马的数量为一"的"数+量+名"名词短语介引。该名词短语在上句中表达方所题元功能，可以视为"一匹马的背上"的省略式。这种省略式用法具有转喻性质，即用"一匹马这一实体"转指"一匹马的背上这一方所"，谓语动词"骑"表达"分配"构式义；施事名词"两个人"位于动词后宾语位置，表示"马的背上这一方所可分配两个人来坐"。详见席建国(2016)讨论，此处不赘。(12d)属于容纳句(丁加勇 2006；张建理、叶华 2009)。仅从语序结构上来看，该句似乎与(12c)完全相同，都表现为 OVS 语序特征。其实，它们表达的语义功能完全不同。(12d)中，名词短语"一锅饭"表达的题元功能为"一锅饭的量"。二者之间也存在转喻性质，即用"一锅饭这一实体性指称"转指"一锅饭的量"，谓语动词"吃"表达"容纳"构式义。有关汉语中((12a)~(12d))之类特殊句式的语序变异程度及其动因，还可参见本书 3.4 节讨论，此处不赘。

6.5 VO-OV 型语言的述谓语序

  一种语言述谓结构的语序有其类型学规律性和特征；述谓结构

的语序与其基本语序保持一致。Dryer(1989)的调查报告显示,助动词(Aux)与动词(V)在 VO 型语言和 OV 型语言中的语序关系表现出如下倾向性:

表 6-1　VO-OV 型语言助动词与动词的语序倾向性

类型＼语序	Aux V	V Aux
VO	28(87.5%)	4(12.5%)
OV	3(7.7%)	36(92.3%)

从上表,可以获得以下信息,VO 型语言倾向于使用 Aux＋V 语序(Aux＋V 语序占 87.5%),OV 型语言倾向于使用 V＋Aux 语序(V＋Aux 语序占到 92.3%)。即 VO 型语言和 OV 型语言中,助动词与动词表现出完全相反的语序关系。

就英汉语言在这方面的语序表现来看,两种语言均使用 Aux＋V 语序,符合 VO 型语言的典型性语序类型学特征。即英汉语言使用 Aux＋V 语序与 SVO 型语言的"动-宾"(VO)结构之间是和谐关系。

一种语言中,不仅助动词与动词的语序具有类型学规律可循,动词与副词的语序关系也有可靠的类型学规律和特征。Dryer(1989)的调查报告显示,动词(V)与副词(Adv)在 VO 型语言和 OV 型语言中的语序关系表现出如下倾向性:

表 6-2　VO-OV 型语言动词与副词的语序倾向性

类型＼语序	Adv V	V Adv
VO	14(24.1%)	44(75.9%)
OV	64(91.4%)	6(8.6%)

从上表,可以获得以下信息,VO 型语言倾向于使用 V＋Adv 语序(V＋Adv 语序占 75.9%),OV 型语言强烈倾向于使用 Adv＋V 语序(Adv＋V 语序占到 91.4%)。即 VO 型语言和 OV 型语言中,动词与副词表现出完全相反的语序关系。就英汉语言在这方面的语序表现来看,英语属于 V＋Adv 语序,这与 SVO 型语言的"动-宾"(VO)结构之间是和谐关系。汉语属于 Adv＋V 语序,这与 SOV 型语言的

"宾-动"(OV)结构之间是和谐关系。

6.6 英汉语言的作格化程度及概念化方式异同

6.6.1 作格句研究述评

要讨论作格句的语序结构特征首先要弄清楚作格化。作格化是指受事成分而不是施事成分位于主语的位置,而动词在形态上与其及物用法完全一致(即动词使用通格)的情况。作格结构因其句法和语义方面相对于一种语言中的基本语序具有特殊性,一直受到语言学界的热切关注。语言类型学派以形态标识理论为框架对作格结构进行过不少研究,但分歧依然存在。生成学派,如 Perlmutter(1978)以关系语法(Relational Grammar)为理论框架,提出了非宾格假说(Unaccusative Hypothesis)。他将不及物动词二分为非宾格动词(unaccusative verb)和作格动词(ergative verb),并认为非宾格动词的论元是域外论元(external argument),属于动词的深层逻辑主语,在深层结构中占据主语位置。而作格动词的论元是域内论元(internal argument),属于动词的深层逻辑宾语,在深层结构中居宾语位置。Burzio(1986)通过研究意大利语中非宾格动词的特征,认为,"一个没有域外论元的动词不能赋予宾格,一个不能赋予宾格的动词没有域外论元",并主张"只有那些能够指派主语名词施事论元角色的动词,才能指派宾语名词相应的宾格;而非宾格动词的单论元可以出现在表层结构的直接宾语位置上,因为这类论元既是及物动词的宾语也是非宾格动词的唯一论元"。Burzio 的原则从根本上来看,属于词汇转换的作格性规则。Van Valin(1990)主张,"每一个不及物动词都事先确定好了与一定类型的主语之间的搭配关系""作格动词的语义功能就是'意志性'和'完成性'"。功能学派,如 Halliday(1993)认为,语言系统可以分为及物关系和作格关系,仅用及物性来标识动词的及物关系和作格关系,不尽合理。功能学派把作格结构的运动事件视为一种"过程",该过程往往是"自生的"或是由外力"激活的"。Dixon(1994)提出形态作格(morphological ergativity)和句法作格(syntactic ergativity)这对概念,并对作格结构的生成机制进行了解释,如围绕 S(底层结构的不及物主语)、A(底层结构的及物主语)、O(底层结构的宾语)三者之间的关系考察了作格结构,认为形态作格是指 S、A 与 O 之间的匹配关系,句法作格是指 S/A 和 S/O 中枢词(pivot)之间的转换。与 Van Valin(1990)不同,Dixon 将非宾格句的主语是及物句的主语还是宾语,作为判别作格结构的标准。Thompson & Ramos(1994)继承了 Halliday 的系统功能理念,将作格语对(ergative pairs)分为四种类型: 1)同一作格语对;2)匹配作格语对;3)远程作格语对;4)非作格语对。他们认为,作格关系本质上是一种语义作格关系(semantic ergativity relation)。Levin & Rappaport(1995)在继承前人研究的基础上,提出了表层非宾格诊断式和深层非宾格诊断式这对概念,并认为前者包括两种形式:一是 there 插入结构(there-inserted construction),二是处所前置结构(locative inverted construction)。后者体现为结果性结构(resultative construction)。

以上研究存在以下不足之处:1)没能合理、有效地揭示作格结构在句法-语义层面的接口问题;2)对作格结构在句法-语义方面的相互选择和制约条件解释还不够充分;3)对作格结构的认知基础、概念化机制、作格动词的语义结构特征,没能给出合理的解释。

本研究主要讨论以下三个议题:1)作格结构的运动事件识解规律;2)作格结构的作格化特征;3)作格结构实现的句法-语义条件。

人类语言中,具有明确作格系统的语言只占约四分之一,数量远少于"主-宾"系统的语言(Song 2001:143)。Nichols(1992:90)通过大量语料统计发现,不同格系统的语言数量呈现出如下比例关系。数据列表如下:

表 6-3　格标识系统频率(Nichols 1992:90)

格态＼词例	代词	名词	动词	合计
主-宾	65	45	88	198
作-通	11	29	15	55
动-静	0	0	22	22
直-倒	0	0	8	8
三分格	4	0	1	5

Siewierska(1996)采用与 Nichols(1992:90)相同的 5 个参项,通过自己的语料统计发现,不同格系统的语言数量呈现出如下比例关系。数据列表如下:

表 6-4　格标识系统频率(Siewierska 1996)

格态 \ 词例	代词	名词	动词	合计
主-宾	82	63	131	276
作-通	28	41	15	84
动-静	1	0	13	14
直-倒	0	0	4	4
三分格	6	4	0	10

综合以上两表数据，可以发现，1) 在 Nichols(1992：90) 和 Siewierska(1996) 统计的 676(288+388) 种语言中，有 474(198+276) 种语言属于"主-宾"格系统，占总数的 69.94%；2) 有 139(55+84) 种语言属于"作-通"格系统，约占总数的 20.38%；3) "主-静"态(active-stative)格系统、直接-倒装(direct-inverse)格系统和三分(tripartite)格系统的语言，只占语料总数的 9.68%。

以上数据表明，人类语言中使用"主-宾"格系统的语言在数量上占压倒性多数，而使用"作-通"格系统的语言只占五分之一左右，比 Song(2001：143) 估计的数量还要少。

6.6.2　作格句的构式义生成原理

认知语法(Langacker 1991)认为，语义和语法密不可分，语法是概念信息的结构化。作格句表达的抽象构式义，可以概括为"某物因特定品质而容易操作"。这种概念化方式具有认知心理的"完形"基础。为方便起见，我们以下句为例进行分析和讨论：

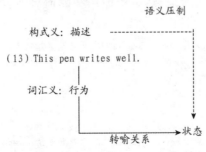

→ 表示"转喻关系"，--→ 表示"语义压制"

图 6-3　动词 write 的构式义生成过程

上图可作如下解读，动词 write（为方便讨论，我们将其称为 write₁）属于一个典型的二价谓元，但在句(13)中用作一价谓元（为方便讨论，我们将其称为 write₂）。write₂ 在句(13)中属于一种语法转喻①（grammatical metonomy）现象。即用 write₂ 的"'写'这一状态"转指 write₁ 的"'写'这一行为"。后者属于一致式用法，前者是转喻式用法。也就是说，动词 write 的转喻用法致使一个"行为"句变为"状态"句。这种结构表现出构式语法（Goldberg 2006：5）所定义的构式的基本特征："在形式和语义功能方面不能通过内部成分或其他构式预知"。句(13)这种结构表达抽象的整体性（句法和语义）功能。在这种整体性功能的压制机制作用下，动词 write 一方面部分失去其行为性，另一方面衍生出与其整体性功能相匹配/和谐的构式义，即构式语法（Goldberg 1995：238）所说的"构式压制词项使之获得的相关系统义"。这种意义属于动词 write 的语义移变（semantic shift）现象，Ziegeler(2007)将这种意义称为组合同化（syntagmatic assimilation）现象，非常形象。动词 write 在句(中)表达的句法-语义功能具有临时性和语境依赖性，属于动词 write 的引申义或扩展义（席建国 2012）。

从以上分析，可以看出，一个动词的意义源于构式义和词汇义的相互作用。当两种意义一致时，其意义得到加强。不一致时，会出现两种情况：要么句子语义不合格，要么构式义或词汇义占主导地位，从而消除语义冲突（semantic conflict）（Panther & Thornburg 1999）。

6.6.3　英汉作格句的概念化方式和编码方式比较

作格句的句法结构不能简单地用传统语法或生成语法的"主语＋谓语（＋宾语）"格式来描写，也不能用功能语法的"施事＋动作＋受

---

① 语法转喻（grammatical metonymy）属于一种高层转喻现象。这种转喻关系能对一个语法结构产生影响（Mendoza & Otal 2002；Panther & Thornburg 2003：16）。英语中，比较典型的语法转喻用例如：

(14) John walked the dog. (Mendoza & Perez 2001)

(15) He hammered the nail into the wall. (Mendoza & Otal 2002)。

上述两句中，动词 walk 和名词 hammer 的转喻用法致使其表达不同于它们的常规句法-语义功能。除此之外，英语中 have a look/rest/try 之类复合谓词（composite predicate），也属于一种语法转喻现象。这类复合谓词与例(14)、(15)之类语法转喻的不同之处在于，它们具有较高的构式化程度：如较高的图式性（schematicity）和能产性（productivity），而例(14)、(15)之类语法转喻不具有这些构式化特征。详见席建国、王文斌(2016)讨论，此处不赘。

事"格式来概括。英汉作格句的概念化方式非常特殊,表现出以下特征:1)位于句首的名词既不是施事(agent),也不是受事(patient),而是体验者(experiencer);2)动词使用"作-通"格,其句法-语义功能不自足,英语借助描摹性副词(well/easily)实现作格化,汉语借助助动词("好/容易")实现作格化。英汉作格句的概念化方式具有非常相似的认知基础,只是编码方式不同:英语作格句的编码方式可以概括为"体验者+谓语+副词(well/easily)",汉语作格句的编码方式可以概括为"体验者+助动词("好/容易")+谓语"。英汉作格句的概念化方式体现一种"结构-边界"完形特征。英汉作格句的体验性主语表示某一实体(thingness)具有特定材质、品质、性能,其相对句法位置致使谓语动词表达转喻功能。英汉作格句中的辅助成分(副词(well/easily)、助动词("好/容易"))表达较强的说话人评价意义。见下面例示(引自《牛津高阶英汉双解词典》,2004)及其分析:

(16) a. Tomatoes bruise easily.
  b. 土豆容易削皮。
(17) a. That car drives well.
  b. 那辆车好开。

上述两组英汉作格句的编码方式不同。(16a)和(17a)的编码方式为"体验者(tomato/that car)+谓语(bruise/drive)+副词(easily/well)",(16b)和(17b)的编码方式为"体验者(土豆/那辆车)+助动词("容易/好")+谓语(削皮/开)"。具体来说,(16a)/(17a)中位于主语位置的体验者 tomato/that car 本身具有"削皮容易/开起来方便"的特质,这种特质致使谓语动词(bruise/drive)失去行为性和方向性,并衍生出"作-通"格用法(体现语用的经济性),副词(well/easily)能够使动词表达完备的句法-语义功能,从而达到"完形"效果。(16b)/(17b)中,位于主语位置的体验者(土豆/那辆车)本身具有"削皮容易/开起来方便"的特质,这种特质致使谓语动词(削皮/开)失去行为性和方向性,并衍生出"作-通"格用法(体现语用的经济性),助动词("容易/好")能够使动词表达完备的句法-语义功能,从而达到"完形"效果。

综合以上讨论,我们作如下概括,1)英汉作格句遵循如下结构化原则:"体验性主语"致使动词产生"作-通"格用法。2)英汉作格句的概念化方式具有相同的认知基础,只是编码方式不同。3)英汉作格句的概念化方式再一次证明,"形式与语义之间存在象征性关系"(Langacker 1986:67)。4)从语言类型学的角度来看,英语作格句的

"谓语+副词(well/easily)"语序与 SVO 型语言的"动-宾"(VO)结构之间是和谐关系。汉语作格句的"助动词("好/容易")+谓语"语序与 SVO 型语言的"动-宾"(VO)结构之间是和谐关系。

6.6.4 英汉语言的作格化程度与其构式化程度的相关性

担任作格句受事主语的名词具有以下语义特征:同质性(homogeneity)、可分性(divisibility)、复制性(replicability)和类属性(genericness)等(Keyser & Roeper 1984:385)。这类名词作主语体现一种类事件观(generic event)。大量跨语言事实调查表明,人称代词、人称名词更倾向来源于"主-宾"格系统(nominative-accusative system),而不会来源于"作-通"格系统(ergative-absolutive system)(Blake 1994:138)。通常情况下,作格结构中受事主语的受影响程度与其主题化程度之间成反比关系:受事受谓语动词的影响越小,其主题化程度越高。反之,越低。即受事主语导致作格化,并制约句子的作格化程度(席建国 2010)。为方便讨论,我们先看下面英语例句及其分析:

(18) a. His book disappeared.
　　 b. His book read well.
　　 c. His book was read well.

上面三句的主语都是 his book,但是它在三句中的题元角色完全不同,且其主语性(subjectivity)程度有高低之别,自上而下,his book 的主语性形成一个由高到低的等级关系。具体来说,his book 在(18a)中的主语性程度最高,在(18b)中的主语性程度次之,在(18c)中的主语性程度最低。这种排序有其理据,例(18a)中名词 his book 作主语具有一定的句法自足性,与谓语动词 disappear 体现的不及物事件性质有关。名词 his book 是动词 disappear 的自发行为所要求的唯一论元,这种论元角色不体现"施事"功能,而倾向于话题功能。例(18b)中,动词 read 属于"作-通"格,主语 his book 的论元角色带有一定程度的受事性。例(18c)中,名词 his book 作主语在论元角色方面表现出很强的受事性,与其被动性质的谓语动词 was read 有关。上述三句中,名词 his book 作主语受其谓语动词的句法制约程度也不同:呈现出完全相反的等级关系。

构式化是指形式-意义组配符号的创生,该过程涉及一个构式的形态/句法或语义功能的重新分析(Traugott & Trousdale 2013:22)。

第六章
英汉特殊句式的语序、标记度强弱及其动因

一个语法结构的构式化程度可从其图式性(schematicity)、能产性(productivity)和复合性(compositionality)三个维度的变化态势来考察。三者之间存在一种内在互动关系。详见 Traugott & Trousdale (2013:193)讨论。为方便讨论,我们此处以"能产性"这一维度作为视角,来说明一个构式的构式化程度及其特征。Boas(2013)认为,一个构式的能产性可从其延展性和受限性两个维度来考察。实际操作中,这两条标准很难具体量化。其实,一个构式的能产性可以用"可例示能力"这一更为直观、操作性更强的概念来概括。英语中,可例示能力比较强的词汇性构式有[X-gate][X-lization]等。前者所创生的类构式例示如 Volgagate、Dallasgate、Koreagate 等,后者所创生的类构式例示如 constructionalization、grammaticalization、globalization 等。英语中,可例示能力非常强大的短语构式如[have done][be done by]等。前者所创生的类构式例示如 have made/seen 等,后者所创生的类构式例示如 be broken/destroyed by 等。英语中,可例示能力比较强的句式有双及物构式、致使构式等。前者所创生的类构式例示如 Mary baked John a cake、The rain delayed them some time 等,后者所创生的类构式例示如 We laughed him away、He sneezed the tissue off the table 等。可例示能力比较强的句式还有 All I did was X(All I did was party/All I did was (to) go to the river)、What is X doing in Y?(如 What is the man doing in my house?/What is the fly doing in my soup?)等。不同构式其能产性有强弱之别。英语中,名词性构式[Adj+th]的能产性弱于构式[Adj+ness],主要是因为其可例示能力极弱,基本无创生能力。相比之下,后者表现出非常旺盛的可例示能力,已创生出大量类成员,具体如 sadness、loneliness、happiness、darkness、tiredness、kindness、bitterness、silliness、carelessness 等等。不仅如此,该构式还可创生一些非常特殊、规约化程度很低的类成员,如 truthiness、truthlikeness、unputdownableness、sing-along-able-ness 等,后者仅限于网上使用(Traugott & Trousdale 2013:183)。再如,英语中表示过去时功能的形态构式[V+ed](具体例示如 looked、opened),其能产性远高于通过元音变化表示过去时功能的形态构式(具体例示如 drove、broke)。相对于后者,前者往往被视为无标记、规则形式。英语中,一个较有说服力的例证是,新生动词 skype 的过去时不是*skope,而是 skyped。

下面来考察英汉作格句的构式化程度及其差别。英语中,许多动

词都无法进入作格句,即英语中作格句的构式化程度较低。见下面例示及其分析:

(19) a. *The computer uses well.

b. *His song learns well.

c. *That machine fixes well.

上述三句不合语法,与二价动词 use、learn、fix 的句法行为和语义功能不能实现作格化有关。也就是说,英语中作格句作为一种构式其构式化(constructionalization)程度很低。具体来说就是,其能产性(productivity)非常有限。由此引发的一个相关疑问是,英语中为何 drink、read 可以进入英语作格句,而 use、learn、fix 不行;英语中,动词进入作格句涉及怎样的语义限制条件等议题,也值得跟进探究。另外,由此也引发了我们对"构式可以不依赖于动词而指派论元"(Goldberg 1995:230)这一论断的可靠性的质疑。此外,Bybee(2010:95)认为:"构式的能产性机制是具体成分类比"(item-specific analogy),这一观点看来还有必要作进一步的验证。

相比之下,上述三句的谓语动词在汉语中的对应动词都可以进入汉语作格句。见下面对应的汉语例句:

(20) a. 这台电脑好用。

b. 他的歌好学。

c. 那台机器好修。

从上面三句可以看出,汉语中动词"用""学""修"均可以进入作格句。说明,汉语的作格化程度远高于英语。同时,这也说明汉语中作格句的构式化程度远高于英语。这可以从汉语作格句的能产性远高于英语作格句的能产性,得到证明。

6.6.5 英汉语言的作格化程度与其诸相关参项之间的相关性

6.6.5.1 英汉语言的作格化程度差别与其 SVO 型语序的结构化程度的相关性

英汉语言在主题化/主语化程度方面存在巨大差别。详见本书第 3.4 节讨论,此处不赘。不仅如此,两种语言中动词的句法行为和语义功能也存在巨大差别。这两方面因素造成英汉语言在作格化程度方面也表现出显著差异性。学界就作格化程度强弱提出过不同判别标准,综合来看,主要涉及以下三个方面:1) 一种语言自身的主题化程度;2)一种语言谓语动词的作用方向模糊性;3)一种语言的语序自由度。国内学者,如刘晓林(2008),根据汉语特殊句式的语序互动关系,概括出如下检验作格化程度强弱的四条标准:

(a) 特殊句式与从句位置的相容性(compatibility);
(b) 谓语动词的脱及物化(detransitivization);
(c) 受事的受影响程度(degree of affectedness);
(d) 受事的主题化程度(degree of topicalization)。

对照上面四条标准,可以发现,英汉动词在脱及物化能力方面存在差别。英语中,大多数二价行为动词都具有比较明确的行为性和作用方向性,且语义框架恒定不变。最典型的例示如英语分别使用 lend 和 borrow 表达"借出"义和"借进"义,分别使用 take 和 bring 表达"带走"义和"带回"义。英语中,只有少数二价动词在特定句式(如中动句、作格句)中,才能用作一价动词。根据 Quirk 等(1972)、章振邦(1995:277)提供的例句和我们的统计,英语中大约有 50 个二价动词可用作一价动词。英语中,反倒是一价动词用作二价动词的情况比较常见,如 That classroom can sit 50 students、He sneezed the tissue off the table 等。英语中,二价动词的脱及物化能力很低。汉语中,许多非常典型的二价动词(如"吃""打破""洗")都因高主题化(如"这种水果最好吃")、"把"字结构(如"他把杯子打破了")、OV 结构(如"衣服洗了")用法,而用作不及物动词,并致使它们的行为性被弱化或作用方向性被泛化。汉语中,许多二价动词还可以通过助动词(如"了""好/容易"等),实现脱及物化。前者如"那部电影看过了""作业写完了"等,它们不属于被动语态。在英语中,上述语义功能只能通过被动句式来表达。后者如"这支笔好写""那种材料容易切割"。另外,汉语中除了受事,许多旁格成分也常用于介引句子。详见徐烈炯、刘丹青(2007:29-48)讨论,此处不赘。汉语中,OV 句式除了与 SVO 语序之间存在高度的可转换性(如"她看过那部电影了")之外,与"把"字结构之间也存在高度的可转换性,如"作业写完了""衣服洗了"之类 OV 句式可以转换成"他把作业写完了""她把衣服洗了"。也就是说,英汉动词在行为性强弱和方向性泛化方面表现出的巨大差别,反过来可能是导致两种语言中受事作主语表现出巨大差别的直接、主要原因之一。英语中,动词的上述特征也是导致英语不能使用 SOV 语序(如 I music like)、OSV 语序(Apple I like)以及 OVS 语序(A car sits three people)的直接、主要原因之一。英语中,即使是在由副词(如 hardly、 never、little、not only 等)介引的倒装句(如 Hardly did he go fishing、Never have I lost my key、Little did he talk about his family、Not only did he speak English,but also he speaks French)中,主动词仍然保持其原有的句法行为和语义功能。不仅如此,英语中动词明确的右向性作用方向及其强行为性也许还是导致其 SVO 语序的结构化程度较高的原因之一。汉语中,动词的行为性较弱,方向性不明确这些特征,可能也是导致其 SVO 语序的结构化程度不高的直接原因之一。

6.6.5.2 英汉语言的作格化程度差别与其谓语的相关性

及物动词的运动事件既可以是施事发出动作作用于受事(即 A→P),也可以是受事受制于施事(即 P←A)。不及物动词的运动事件比较复杂,既可以只有施事(即 A→0),也可以只有受事(即 P←0)。作格句属于后一种类型。及物动词和不及物动词的句法行为和语义功能特征差别比较如下:

及物动词=(A→P)∨(P←A)

不及物动词=(A→0)∨(P←0)

作格意念在英汉语言中的概念化方式和编码方式区别例示如下:

英语:NP$_{无灵/有灵}$　　　V　　　Adv

(22) This car　　　drives　　well.

(23) Bureaucrats　　bribe　　easily.

汉语:NP$_{无灵/有灵}$　　　Aux　　V

(24) 这辆车　　　　好　　　开。

(25) 官僚　　　　　容易　　贿赂。

从以上英汉作格句的对应例示,可以看出,英语中作格句的谓语属于"V+Adv$_{(well/easily)}$"结构,汉语中作格句的谓语属于"Aux$_{(好/容易)}$+V"结构。由此也可以看出,英语作格句的谓语结构中,动词与副词之间的搭配关系比较松散,主要是因为副词 well/easily 表达的语法功能是对动词的作用方式进行修饰和限定。副词 well/easily 与动词之间不存在句法规则层面的限制关系。汉语作格句的谓语结构中,动词与助动词"好/容易"之间的搭配关系非常紧密,主要是因为助动词"好/容易"表达的语法功能是从句法层面对其动词产生作用,如赋予动词完备的句法和语义功能。助动词"好/容易"与动词之间是句法规则层面的作用关系。一般情况下,助动词体现的句法功能主要表现在,体(aspect)、语气(voice)、情态(mood)、时态(tense)以及人称(person)方

第六章
英汉特殊句式的语序、标记度强弱及其动因

面。而汉语中,"好/容易"表达的助动词功能超出了上述范围,这的确具有非常特殊的类型学价值。

英充作格句中,充任作格句谓语动词的用法非常特殊,必须是二价动词用作一价动词,而且保持形态上与二价动词用法完全一致。即受事主语会改变其谓语动词的句法行为和语义功能,使其成为一个静态性一价动词,即所谓的"脱及物化"。通过脱及物化机制来实现一个二价动词用作作格动词,并以示与被动形态标识的区别,是一种非常经济的手段。被动句式中,名词受制于谓语动词,是被动述谓与作格动词句法行为的最大区别。以往有研究从完全相反的方向来解释作格句的谓语动词的句法行为和语义功能变异。如 Radford(1988)、赵霞(2006)认为,作格动词是一类影响主语,而不影响宾语的动词。这种解释正好将被动语态中动词的作用方式和作格动词的作用方式混为一谈。一个动词由原来的二价动词演变用作作格动词,其中还涉及作格句作为构式的整体性结构压制机制的影响。6.6.2 节已有较为详细的讨论,此处不赘。

以往有研究拿一些汉语例句作比较,认为下面所有 a 句都属于作格句,这种看法值得商榷。见下面例句(为方便讨论,本研究此处对所有例句进行了重新排序)及其分析:

(26) a. 门打开了。(结果)
   b. 门开了。(状态)
(27) a. 书带走了。(结果)
   b. 书带了。(状态)
(28) a. 饭吃了。(结果)
   b. 饭吃过了。(状态)

上面三组句子中,a 句均属于被动语态,而不是作格句,尽管动词前省略了被动标识"被/给",其中的动词"打开了"(26a)、"带走了"(27a)、"吃了"(28a)表达"事件结果",而不是"状语"功能。相反,所有的 b 句均属于作格句,因为动词强调的是"事件状态"。

6.6.6 英汉作格句的主-谓制约关系及其程度比较

英汉作格句的受事性主语的题元功能非常相似。但是,它们对其谓语动词的句法制约程度存在巨大差别。这从英汉作格句主-谓之间句法关系的紧密程度,可以得到验证。为方便讨论,我们用"插入法"

来检验英语作格句受事主语对其谓语的制约程度。见下面例句及其分析：

(29) a. These potatoes peel easily.
　　　b. * These potatoes easily peel.

上述两句中，(29a)属于句法上合格的句子，(29b)属于不合语法的句子，主要与两句中副词的语序有关。具体来说，例(29a)中副词 easily 位于动词 peel 后，使其成为合格的句子；而例(29b)中副词 easily 位于动词 peel 前，使其成为不合语法的句子。也就是说，英语作格句的"受事主语＋动词$_{作通格}$"述谓之间具有比较紧密的句法和语义制约关系，其中不允许插入任何成分。英语中，动词的作通格只能对一价受事论元进行赋格，这种述谓关系的语义结构并不自足，需要通过副词 easily 对"受事主语＋动词$_{作通格}$"述谓结构(29a)这种不完备的句法和语义功能进行"补足"，使其成为一个"句法-语义"完形结构。副词 easily 表达的"补足语"功能致使其只能分布于动词后位置，而不能出现在动词前面位置。这说明：英语中作格句的"受事主语＋动词$_{作通格}$"述谓结构之间具有很强的句法和语义制约关系。

下面来看汉语作格句的主语与谓语之间的句法制约程度。为方便讨论，我们用"插入法"来检验受事主语对其谓语的制约关系及其程度。见下面例句及其分析：

(30) a. 这种金属容易切割。
　　　b. 这种金属是容易切割。
　　　c. 这种金属确实容易切割。

从例(30b)和(30c)可以看出，汉语作格句的述谓结构之间可以插入判断词"是"(30b)和副词"确实"(30c)，并不影响句子的合法性。这说明：汉语作格句的"受事主语＋助动词＋动词"述谓之间关系比较松散，并不存在严格的句法和语义制约关系。具体来说，汉语作格句的"受事主语＋助动词＋动词"述谓结构中，动词的作通格句法-语义功能是通过助动词实现的，而与前面主语的语义功能无关。也就是说，汉语中受事名词充任作格句的主语与其动词的谓元性质无关，即汉语中受事名词充任作格句的主语本身具有自足的题元功能，而动词的作通格赋元功能是由助动词提供的，这使得二者之间不构成严格的句法和语义制约关系。这也许就是，例(30a)("这种金属容易切割")中，"受事主语"(这种金属)与述谓结构"助动词＋动词"(容易切割)之间不存在句法和语义制约关系的原因。

第六章
英汉特殊句式的语序、标记度强弱及其动因

综合以上讨论,我们作如下归纳,英汉作格句中主语与谓语之间的制约关系和程度不同,英语远高于汉语。这种差别主要与两种语言中,动词的作通格实现途径不同有关。英语作格句中,动词具备部分作格性质,需要副词(easily、well)对其进行句法和语义功能补足,致使主谓之间存在非常严格的句法制约关系。汉语作格句中,动词不具备任何作格性质,动词的作格功能通过助动词("好/容易")实现,致使主谓之间的关系很松散。

综合以上分析和讨论,我们作如下概括:一个作格句中,主语与谓语之间的句法和语义制约关系越弱,其作格化程度越高;反之,越低。

6.6.7 英汉作格句的"作格义"与"被动义/可能义"之辩

以往有学者,如 Fellbaum(1986)、Massam(1992)等,认为作格句表达的意思含有"被动义"或"可能义",并认为下面 a、b 两句表达的意义相当,这种观点有失偏颇。见下面例句及其分析:

(31) a. This kind of material cuts easily.
　　 b. This kind of material can be cut easily.
(32) a. 这种材料容易切割。
　　 b. 这种材料容易被切割。

从真值条件意义来看,(31a)和(31b)、(32a)和(32b)之间没有区别。但是,从认知-语用角度来看,上面两组句子中 a、b 两句表达的意义存在很大差别。a 句表达作格义,而非被动义或可能义。这种意义含有说话人的主观意向性,不是句子的命题意义。b 句表达的是被动义,虽然含有一定的情态性(epistemic),但是这种意义属于句子的命题意义。也就是说,相对于 b 句,a 句表达更加强烈的主观评价意义。其实,上述两组句子中的 a 句和 b 句,可以视为两种意义完全不同的构式。它们因属于不同的构式而表达完全不同的构式义,即构式语法(Goldberg 1995)所主张的"一个构式对应于一个意义,不同构式表达的构式义不同"。这一定义具有跨英汉普遍性。

6.7 英汉存现句的语序标记度异同、原因及其解释

英汉存现句在句法上可以抽象为"方所＋动词_{存现}＋存现物"格

式。这种格式表达"某处存现某人/物"构式义。存现句在英汉两种语言中相对于其 SVO 基本语序属于显著变异性结构,因而被视为带标记语序。英汉存现句的概念化方式带有标记性,有其认知基础:在英汉民族的意象中,"某处—存现—人/物"事件框架属于带标记模式。即"认知上带标记的事件,其句法结构上也带有标记性"(Givón 1990:189)。英汉语言中,SVO 语序的优势程度不同(详见本书 3.5 节讨论,此处不赘),存现句在两种语言中的相对句法标记程度也存在差别。本节主要讨论以下议题,1) 存现句在英汉语言中被视为特殊语序的原因。2) 英汉存现句的语序、语义功能特征及其存现化程度异同。3) 英汉存现结构及动词的原型特征。4) 英汉存现动词的构式义实现机制和手段。

6.7.1 英汉存现句的常规语序的句法和语义功能分析

英汉存现句被视为特殊结构主要有以下几方面原因:1) 存现句在语序方面与两种语言的基本语序 SVO 结构之间是不和谐关系。2) 介引句子的成分不是主语,而是具有处所题元功能的非体词性成分。具体来说,英语多使用 there 或介词短语介引存现句,即 XVS 语序。尤其是后者,其语序上严重违背 SVO 型语言的典型性语序结构特征。汉语使用方位后置介词短语介引存现句,也属于 SVO 型语言的语序变异现象。见下面英汉对应存现句(引自《牛津高阶英汉双解词典》,商务印书馆,2009)及其分析:

(33) a. There's always somebody in the office.
b. 办公室里总有人。
(34) a. There is an indoor swimming pool in this hotel.
b. 这家旅馆内有一个室内游泳馆。

上面两组例句中,英语的存现句是由 there 介引(33a、34a)。There 介引句子,表达方所题元功能。以往学界有研究,如 Quirk 等(1972:1405)、Bolinger(1977:91)、Milsark(1979:139)、顾阳(1997)、唐玉柱(2002)等,认为此处的 there 语义已完全虚化,在句中仅作形式主语(dummy theme),这一解释没有触及代词 there 的句法和语义功能本质。其实,代词 there 在此处表达的句法和语义功能,从可别度领前原则的角度进行解释,可能更为合理、有效。详见席建国(2013:49)讨论,此处不赘。对应的汉语存现句分别是由方所短语"办公室里"(33b)、"这家旅馆内"(34b)介引,它们在句中表达方所题元功能,也不作句子的主语。无论是上述英语存现句中介引句子的代词there,还是介引上述汉语存现句的方所短语,可能具有一定程度的主题功能,并且它们都或多或少地兼带一定程度的指称性。英语中,be动词除了表达"判断"功能外,还表达静态的"存现"语义功能。汉语中,"有"除了表达"拥有"语义功能外,还表达静态的"存现"语义功能。英语中的 be 动词和汉语中的"有"在英汉两种语言中相对于其他存现动词具有最多的"存现"义原型范畴特征。详见 6.7.3.1 和 6.7.3.2 节讨论。上述两组英汉存现句从句法结构和语义功能方面来看,都属于"方所＋动词_{存现}＋存现物"结构。这种结构句法上不符合英汉语言的"主-谓-宾"结构关系,语义上不符合"施事-动作-受事"概念框架。上述两组英汉存现句在这两方面的偏离、变异也许就是造成它们表现出较高句法标记度的原因。

6.7.2 英汉存现句的类型及概念化方式比较

英汉存现句在句法结构上可以抽象为相同的"方所＋动词_{存现}＋存现物"格式,这一格式所表达的"某处存现某人/物"意念在英汉两种语言中的编码方式和语序类型不同。首先来看一些英语存现句的例示(其中,(35a～35e)引自 Quirk 等(1972:1405))及其分析:

(35) a. There are many books in the school library.
　　b. There is a cat sleeping under the table.
　　c. There has been a big flood several years ago.
　　d. There lies a dog at the door.
　　e. There arose some objections at the meeting.
　　f. At the door sleeps a cat.
　　g. Under the tree stands a horse.

从结构上来看,上述七个存现句可以划分为三种语序格式:There＋be(35a、35b、35c)、There＋verb(35d、35e)和 PP_{介词短语}＋verb(35f、35g)。Bolinger(1977:91)认为,上述例句中的存现标记 there 表达两种主要语法功能:一是指称后面的具体方位;二是表达强调功能,作用类似于 that,而不是 it。他进一步分析说,There 位于句首作形式主语,已经高度语法化(Bolinger 1977:91)。这种观点不够全面。上述三种存现格式中,There＋be 格式相对于 There＋verb 格式和

PP~介词短语~＋verb 格式,前者可以视为英语存现句范畴的原型格式(详见 6.7.3 节讨论),be 可以视为带有最多类成员典型性句法和语义功能的存现动词。There＋be 格式的结构化程度远高于 There＋verb 格式和 PP~介词短语~＋verb 格式。而 There＋verb 格式和 PP~介词短语~＋verb 格式中,动词的存现句法行为和存现语义功能来源于两个语序格式的整体性(结构和语义)压制作用。具体来说就是,动词 lie(35d)、arise(35e)、sleep(35f)、stand(35g)表达的存现句法行为和存现语义功能是由 There＋verb 格式和 PP~介词短语~＋verb 格式的压制作用,衍生出来的。它们的存现句法行为和存现语义功能具有临时性和语境依赖性,不是其固有的语义义素。There＋verb 格式和 PP~介词短语~＋verb 格式存现句相对于 There＋be 格式存现句,标记度更高。详见下面 6.7.3.1 节例示和讨论。

汉语存现句也因语序结构非常另类而被视为特殊句式。见下面例示及其分析:

(36) a. 窗外是个足球场。("是"字结构)
　　　b. 门口有一个人。("有"字结构)
　　　c. 台上坐着主席团。(连动结构)
　　　d. 山下一片好风光。(定心结构)
　　　e. 满脸青春美丽痘。(名词谓语结构)

根据述谓结构,上述汉语存现句可以划分为两种语序格式:一是"处所＋'是/有'"格式;一是"处所＋动词"格式。位于句式介引句子的成分"窗外"(36a)、"门口"(36b)、"台上"(36c)、"山下"(36d)、"满脸"(36e)均表达显性处所题元功能,只是述谓结构各不相同。宋玉柱(1991)认为,例(36a)属于"是"字结构,例(36b)属于"有"字结构,例(36c)属于连动结构,例(36d)属于定心结构,例(36e)属于名词谓语结构。这种分类是否合理,还有待商榷。从动词的句法行为功能来看,可以划分为两种类型:一是"是/有"结构,可以视为存现动词范畴的原型成员(prototypical member);二是"坐着"之类存现动词,可以视为存现动词范畴的边缘性成员(peripheral member)。也就是说,"处所＋'是/有'"格式的存现句相对于"处所＋动词"格式的存现句,前者可以视为汉语存现句范畴的原型,而后者可以视为汉语存现句范畴的边缘性类成员。后者相对于前者表现出更高的句法标记度。详见下面 6.7.3.2 节讨论,此处不赘。

6.7.3 英汉存现句的存现化程度及其句法标记度分析

英汉语言实现存现化的手段和方式不同。英语主要通过There+be结构来实现存现句,汉语主要通过"方所短语+动词$_{状态/结果}$"来实现存现句。英汉两种语言均有存现化程度很高的存现句式和存现化程度不高的存现句。Milsark(1979:149)认为,一种语言的存现化程度高低可以通过下面四条标准来检验:

(a) 方位概念的主题化程度(degree of topicalization);
(b) 方位概念的实现手段(means of realization);
(c) 谓语动词的存现义词汇化程度(degree of lexicalization);
(d) 可用于表达存现义的动词数量(number of existential verb)。

本节下面分别讨论英汉存现句的存现化程度及其句法标记度之间的相关性。

6.7.3.1 英语存现句的存现化程度及其句法标记度

英语中,一个存现句的存现化程度不同,其句法标记度也不同,相互间形成一种逆向等级关系。一个语法范畴的典型性成员往往具有最多的以下五个方面的特征:语义最抽象、概括性最强、替换性最强、使用频率最高、使用范围最广(Rosch 1975)。There+be格式相对于There+verb存现格式和PP$_{介词短语}$+verb存现格式具有的上述五个方面的典型性特征最多,可以替换后两种存现格式。为方便讨论,我们用"替换法"来检验There+be、There+verb和PP$_{介词短语}$+verb三种存现格式的存现化程度及其句法标记度等级关系。见下面例示(引自Milsark(1979))及其分析:

(37) a. There is a ghost living in the house. (There+be 格式)
 b. ?There lives a ghost in the house. (There+verb 格式)
 c. ??In the house lives a ghost. (PP$_{介词短语}$+verb 格式)

上述三种类型的存现句因语序结构不同,其存现化程度和句法标记度也不同。三者之间的存现化程度表现出如下梯度链关系(符号">"表示"存现化程度高于"):(37a)>(37b)>(37c)。三者之间的句法标记度表现出如下逆向梯度链关系(符号"<"表示"句法标记度低于"):(37a)<(37b)<(37c)。上述排序等级的理据是,在不考虑语境因素的条件下,我们可以用(37a)替换(37b)和(37c),用(37b)替换(37c)。而不能用(37c)替换(37a)和(37b),也不能用(37b)替换

(37a)。即三者之间的替换能力表现出如下等级关系（符号">"表示"替换能力强于"）：(37a)＞(37b)＞(37c)。另外，我们还可以根据Whaley(1997：100-105)的优势语序判别标准，来检验上述结论。Whaley(1997：100-105)认为，基本、优势语序具备如下三方面主要特征：复现率(frequency)高、标记度(markedness)低、语用最中性(pragmatically neutral contexts)（最没有特定语用功能表达要求、语境条件要求最低）；反之，属于劣势语序。其实，例(37a)、(37b)和(37c)在复现率、标记度和语用中性度方面也存在等级差别，表现出如下梯度链关系（符号">"表示"复现率高于、标记度高于、语用中性度高于"）：(37a)＞(37b)＞(37c)。

另外，我们还可以从例(37a)、(37b)和(37c)三种存现句式使用的谓语动词的存现义原型特征多寡，来检验上述三种类型的存现句的存现化程度和句法标记度差别。be动词相对于live而言，具有"外延宽泛、内涵狭窄、语义更抽象"这些特征。许多资料如《朗文当代高级英语辞典》（外语教学与研究出版社，2004）（简称《朗文》）、《英汉大词典》（陆谷孙，上海译文出版社，1989）（简称《英汉》）、《麦克米伦高阶美语词典》（外语教学与研究出版社，2004）（简称《麦克》）都将be的存现义列为其释义词条之一，并给出了相应的存现句式例示。也就是说，存现义已成为be动词的常规义素之一，而动词live的语义框架中并不包含其存现义义素。英语中，常用的边缘性存现动词主要包括两种类型：一种是静态存现动词，如sit、stand、lie、remain、seem、live、sleep、exist等；另一种是动态存现动词，如come、go、emerge、enter、arrive、pass、blow、occur、flow、appear、grow、fly等(Quirk等1972：453)。静态存现动词相对于动态存现动词更容易进入存现句。

其实，There＋be存现句已经成为英语中的一种常用句式。以往的有些权威性语法书，如Quirk等(1972)，将英语常用陈述句局限于以下7种类型：

(38) 类型1：SVC。如Mary is kind.
类型2：SVA。如Mary is over there.
类型3：SV。如The child is laughing.
类型4：SVO。如Jack hit the ball.
类型5：SVOC。如We proved him wrong.
类型6：SVOA。如I put the book on the desk.
类型7：SVOO。Mary gave Rose an expensive gift.

上述句式并不包括 There＋be 存现句,不能不说有挂万漏一之嫌。

综合以上讨论,我们将英语中上述三种存现句的存现化程度与其句法标记度之间的逆向相关关系,图示如下：

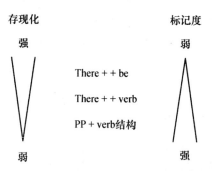

图 6-4　英语存现句的存现化-标记度逆向关系图

上图可作如下解读,1) 自上而下,三种存现句的存现化程度呈递减趋势,表现出如下等级关系(符号">"表示"存现化程度高于")：There＋be＞There＋verb＞PP＋verb。2) 自上而下,三种存现句的句法标记度呈递增趋势,表现出如下等级关系(符号"<"表示"标记度低于")：There＋be＜There＋verb＜PP＋verb。

6.7.3.2　汉语存现句的存现化程度及其句法标记度

与英语存现句的有些情况非常相似,汉语存现句在存现化程度和句法标记度方面也存在差别,并表现出规律性特征。见下面例示及其分析：

(39) a. 对面是一家酒店。("处所＋是")
　　　b. 河上有座桥。("处所＋有")
　　　c. 门口站着一个人。("处所＋动词$_{状态}$")
　　　d. 桥头修了一个塔。("处所＋动词$_{结果}$")
　　　e. 那辆车坐了三个人。("普通名词＋动词$_{状态}$")
　　　f. 一匹马骑了两个人。("动物名词＋动词$_{状态}$")

上述六个存现句在存现化程度和句法标记度方面存在差别。就存现化程度而言,上述六句可以划分为四个等级(符号">"表示"存现化程度高于")：(39a)/(39b)＞(39c)/(39d)＞(39e)＞(39f)。从句法标记度来看,上述六句也可以划分为四个等级(符号"<"表示"句法标

记度低于"):(39a)/(39b)＜(39c)/(39d)＜(39e)＜(39f)。也就是说,上述六句的句法标记度与其存现化程度之间成逆向关系。其中,例(39a)和(39b)在存现化程度和句法标记度方面非常相似或接近,例(39c)和(39d)在存现化程度和句法标记度方面非常相似或接近。上述六句在存现化程度和句法标记度方面表现出上述等级关系与其主题的方所题元角色典型性程度或谓语动词的存现义典型性程度,密切相关。就方所题元角色的典型性程度而言,上述六句可以划分为三种类型,相互间形成如下等级关系(符号">"表示"方所题元角色的典型性程度高于"):"处所"(39a~39d)＞"普通名词"(39e)＞"动物名词"(39f)。我们作如上排序是根据储泽祥的相关研究结论。储泽祥(2010:90)认为,处所词与普通名词表达方所题元功能的典型性程度,存在如下等级关系:

表6-5 处所词-普通名词的方所题元功能等级(储泽祥 2010:90)

高		方所义			低
处所词					→普通名词
a组	b组	c组	d组	e组	f组
旁边	办公室	黄山	屋子	电梯	家具
前面	警察局	长江	土窑	抽屉	思想
东边	外贸公司	黄龙洞	阳台	甲板	洪水
西部	火车站	广济桥	走廊	石凳	大火

从上表,可以获得以下信息,1) 从左至右,各组词项的方所义典型性程度逐渐减弱。2) a组词项具有的方所义原型特征最多,属于核心成员;f组词项具有的方所义原型特征最少,属于最边缘性成员。即越靠近左边的词项,其可居点关系越高;越靠近右边的词项,其可居点关系越低。其中,不包括动物名词。这说明,动物名词的方所义典型性程度最低。

就动词的存现义典型性程度而言,上述六句可以划分为两种类型,相互间形成如下等级关系(符号">"表示"存现义典型性程度高于"):"是/有"＞"动词$_{状态/结果}$"。我们说,"是/有"的存现义典型性程度最高是因为,许多大型汉语词典,如《应用汉语词典》(商务印书馆,2000)(简称《应用》)、《现代汉语词典》(吉林教育出版社,2008)(简称《现汉》)、《现代汉语大词典》(崇文书局,2008)(简称《汉大》)都将存现义义素收入它们的释义词条,并给出了相应的存现句例示。具体来说,《应用》词典将"是/有"的存现义及其存现用法分别列为释义$_8$、释义₂;《现汉》词典将二者的存现义及其存现用法分别列为释义₃、释义₂;《汉大》词典将二者的存现义及其存现用法分别列为释义₆、释义₂。而动词"站着""修了"根本不具有存现义。它们在例(39c)和(39d)中表达的"存现义",具有临时性和强烈的语境依赖性,是上述两句作为存现构式在其整体性(结构和语义)构式功能的压制机制作用下,衍生出来的读义(reading)。有关构式及其整体性(结构和语义)构式功能的压制机制的作用原理的详细讨论,可参见6.6.2节,此处不赘。以往有研究,如黄正德(2007)、隋娜 王广成(2009)认为,汉语存现动词的属性变化来自于事件谓词 OCCUR 的影响,可能还需斟酌。也就是说,相对于"站着/修了","是/有"可以视为存现动词范畴的原型成员,而"站着"/"修了"只能视为存现动词范畴的边缘性类成员。

我们还可以通过"替换法"来验证"是/有"属于汉语存现动词范畴中典型性程度最高的类成员。如上面例((39c)～(39f))中的谓语动词均可以用"是/有"来替换,分别说成"门口有一个人""桥头是/有一个塔""那辆车上是/有三个人""一匹马上有两个人"。由此,我们说,动词"是/有"完全符合 Rosch(1975)所定义的原型范畴成员的典型性特征:语义最抽象、概括性最强、替换性最强、使用频率最高、使用范围最广。

综合以上讨论,我们将汉语存现句的句法标记度与其存现化程度之间的逆向关系归纳如下:

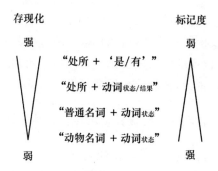

图 6-5 汉语存现句的存现化-标记度逆向关系图

上图可作如下解读,1) 自上而下,存现句的存现化程度呈递减趋势,表现出如下等级关系(符号">"表示"存现化程度高于"):"处所+'是/有'">"处所+动词状态/结果">"普通名词+动词状态">"动物名词＋动词$_{状态}$"。2）自上而下,存现句的句法标记度呈递增趋势,表现出如下等级关系(符号"＜"表示"标记度低于"):"处所＋'是/有'"＜"处所＋动词$_{状态/结果}$"＜"普通名词＋动词$_{状态}$"＜"动物名词＋动词$_{状态}$"。3）汉语中,一个成分的存现题元功能的典型性程度对一个存现句的存现化程度及其句法标记度的制约功能大于一个动词的存现义典型性程度。4）一个动词的存现义典型性程度与一个句子的存现化程度之间成正比关系,与其句法标记度之间成反比关系。

综合以上分析和讨论,我们将英汉存现动词的语义功能特征概括如下:

(a) 只涉及一个动作参与者;
(b) 多表示状态而不是行为;
(c) 动作是持续性的而不是瞬间性的;
(d) 动作多为非人为性的、无意图性的。

综合以上英汉存现句的存现化程度特征、句法标记度异同以及二者之间的相关性等议题讨论,我们作以下概括,1）英语用专门的形态手段 there 来标识存现句,there＋be 结构的存现化程度远高于 There＋verb、PP＋verb 结构,且句法标记度更低。英语中,表示存现功能的句式少于汉语,可进入存现句的动词,数量也远少于汉语。汉语用后置介词标识方所题元关系,"处所＋'是/有'"类结构的存现化程度高于"处所＋动词$_{状态/结果}$""普通名词＋动词$_{状态}$""动物名词＋动词$_{状态}$",且句法标记度最低。汉语中,表示存现功能的句式多于英语,可进入存现句的动词,数量也远多于英语。2）英汉语言中,一个存现句的句法标记度与其存现化程度之间呈反比关系:存现化程度越高,其标记度越低;存现化程度越低,其标记度越高。

6.7.4 英汉存现句的句法标记度差别及其动因解释

英汉语言都有存现句,但是存现句在两种语言中的标记度不同。既与其本身的语序结构有关,也与英汉两种语言的主题化/主语化程度差别有关。见下面例句及其分析:

(40) a. There is a little boy standing by the door.
    b. *By the door stands a little boy.

(41) a. 一个小男孩站在门边。
    b. ?门边站着一个小男孩。

（42）a. There are thirty students sitting in the classroom.

　　　b. * In the classroom sit thirty students.

（43）a. 三十个学生坐在教室里。

　　　b. ? 教室里坐着三十个学生。

为方便说明，我们分别进行对比讨论。两组英语句子中，b句相对于a句属于强标记性、绝对劣势语序。两组汉语句子中，b句相对于a句属于弱标记性、相对劣势语序。无论是英语动词stand(40b)、sit(42b)，还是汉语动词"站着"(41b)、"坐着"(43b)，均不属于存现动词。为什么(40b)、(42b)的句法标记度和劣势度分别高于(41b)、(43b)。我们认为，与英汉两种语言本身的主语化/主题化程度差别以及两种语言中SVO基本语序的结构化程度差别有关。英语属于主语突显型(subject-prominent)语言。这种语法特征致使英语对用施事主语之外的其他成分(状语从句、副词等)介引句子的容忍度很低，加之英语以SV(O)X语序为无标记、绝对优势语序(详见本书3.5节以及席建国(2013：257-262)讨论)，且SV(O)X语序的结构化程度很高(Croft 1990/2003：79)等这些因素所致。上述三方面特征致使存现句在英语中表现出很高的句法标记度和劣势度。汉语属于主题突显型(topic-prominent)语言。这种语法特征致使汉语对用主语之外的其他成分(状语从句、副词等)介引句子具有很大的容忍度，加之汉语以XSV(O)/SXV(O)为无标记、优势语序[①](Dryer & Gensler 2005；席建国 2013：257-262)，且XSV(O)/SXV(O)语序的结构化程度很高(详见本书3.5节讨论)。这些因素致使存现句在汉语中的句法标记度和劣势度，相对低于存现句在英语中的句法标记度和劣势度。

6.8　结语

语法关系体现参与者角色的句法编码方式。参与者角色的编码方式有三种途径：格标识、动词的形态标识以及语序。英语属于比较

[①] Dryer & Gensler(2005)调查了192种语言样本，发现仅有3种语言使用XSVO语序，其他语言都使用SVOX语序。其实，这3种使用XSVO语序的语言都分布在中国。具体来说，它们是汉语北方方言(Chinese northern dialect)、广东话(Cantonese)和客家话(Hakkas dialect)。当然，汉语中也有一些带古文色彩的介词，如"于"、"以"等，以后置于动词语序(即SVOX)为无标记、优势语序。

典型的"主-宾"格语言,且以单一的 SVO 型语序为绝对优势语序。任何违背 SVO 型语序结构的句子都被视为特殊语序现象。英语主要受其 SVO 型基本语序和主语突显型语法特征的影响,特殊句式的种类较少。汉语主要受主题突显型语法特征的影响,特殊句式的种类较多。英语中,绝大多数动词的句法行为都不具有双向性,致使英语的作格化程度很低。汉语中,谓语动词不使用任何标识来区别其与施事和受事成分位于主语位置和宾语位置之间的匹配异同,致使大量动词弱化行为性和方向性,这给汉语中受事成分前置、状语前置以及作格化程度增强,创造了有利条件。

英汉作格句的概念化方式具有相同的认知基础,只是编码方式存在一定程度的差别。英语作格句的"谓语+副词(well/easily)"语序与 SVO 型语言的"动-宾"(VO)结构之间是和谐关系。汉语作格句的"助动词("好/容易")+谓语"语序与 SVO 型语言的"动-宾"(VO)结构之间是和谐关系。汉语的作格化程度远高于英语。英语作格句的"受事主语+动词$_{作通格}$"述谓之间具有比较紧密的句法和语义制约关系,作格句的"受事主语+动词$_{作通格}$"述谓结构之间具有很强的句法和语义制约关系。汉语作格句中,动词不具备任何作格性质,动词的作格功能通过助动词("好/容易")来实现,致使主谓之间的关系很松散。英汉作格句中,主语与谓语之间的句法和语义制约关系越弱,其作格化程度越高;反之,越低。

英语中,There+be 结构的存现化程度最高,There+verb 结构的存现化程度次之,PP+verb 结构的存现化程度最低。上述三种存现句的句法标记度呈逆向等级关系。汉语中,"处所+'是/有'"结构的存现化程度最高,"处所+动词$_{状态/结果}$"结构的存现化程度次之,"普通名词+动词$_{状态}$"结构的存现化程度再次之,"动物名词+动词$_{状态}$"结构的存现化程度最低。上述四种存现句的句法标记度呈逆向等级关系。汉语中,一个成分的存现题元功能的典型性程度对一个存现句的存现化程度及其句法标记度的制约功能大于一个动词的存现义典型性程度。英汉语言中,一个动词的存现义典型性程度与一个句子的存现化程度之间成正比关系,与其句法标记度之间成反比关系。

英语属于主语突显型语言,这种语法特征致使英语对用施事主语之外的其他成分(状语从句、副词等)介引句子的容忍度很低,加之英语以 SV(O)X 语序为无标记、绝对优势语序,且 SV(O)X 语序的结构化程度很高。这些特征致使存现句在英语中表现出很高的句法标记度和劣势度。汉语属于主题突显型语言。这种语法特征致使汉语对用主语之外的其他成分(状语从句、副词等)介引句子具有很大的容忍度,加之汉语以 XSV(O)/SXV(O)为无标记、优势语序,且 XSV(O)/SXV(O)语序的结构化程度很高。这些因素致使存现句在汉语中的句法标记度和劣势度,相对低于存现句在英语中的句法标记度和劣势度。

英汉术语对照表

英语	汉语
Animated First Principle/AFP	生命度领前原则
bilateral implication	双向蕴含
complex implicational universal	复合式蕴含共性
Cross-Category Harmony/CCH	跨范畴和谐
cross-linguistic universal	跨语言共性
dependant-marking model/DMM	依附语标记模式
detransitivization	脱及物化
dominant order/priority order	优势语序
ergative-absolutive pattern	"作-通"格局
external-marked determiner	外涵定语
grammatical relation hierarchy/GRH	语法关系等级
head-marking model/HMM	核心标记模式
Heavier Serializaton Principle/HSP	重度顺序原则
Identifiability-leading Principle/ILP	可别度领前原则
implicational tendency	蕴含倾向
internal-marked determiner	内涵定语
markedness hierarchy	标记度等级
nominative-accusative pattern	"主-宾"格局
Noun Phrase Accessibility Hierarchy/NPAH	名词短语可及性等级
oblique	旁格/旁语
Preferred Order of Constituents/POC	倾向性语序原则
Prepositional Noun Modifier Hierarchy/PNMH	前置性名词修饰语等级
Principle of Conjunctor-Preposition Consistency/PCPC	"连-介"语序一致性原则
Principle of Information Flow/PIF	信息流原则
Principle of Word Order Harmony/PWOH	语序和谐原则
Principle of Word Order Iconicity/PWOI	语序相似性原则
recessive order	劣势语序
relative clause marker	从句标记

relativization of head noun	中心词关系化
relativization strategy	关系化策略
Relator Principle	联系项原则
subject-prominent	主语优先
topic-prominent	话题优先
transitivity strength continuum	及物性强度连续统
unilateral implication	单向蕴含
word order harmony	语序和谐
Word Order Mobility Hierarchy/WOMH	语序自由度等级
word order mobility/WOM	语序自由度

参考文献

Ariel, Mira. *Accessing Noun Phrase Antecedents* [M]. New York: Routledge. 1990.

Auwera, J. van der & J. Nuyts. *Cognitive Linguistics and Linguistic Typology* [M]. Flanders: University Press of Antwerp. 2007.

Blake, Barry, J. *Case*[M]. Cambridge: Cambridge University Press. 1994.

Boas, Hans. Cognitive Construction Grammar [A]. In Hoffmann, Thomas & Graeme Trousdale (eds.). *The Oxford Handbook of Construction Grammar* [C]. Oxford: Oxford University Press. 2013: 233-252.

Bolinger, D. *Meaning and Form*[M]. New York and London: Garland Publishing Inc. 1977.

Burzio, L. *Italian Syntax: A Government-Binding Approach* [M]. Dordrecht: Kluwer Academic Publishers. 1986.

Bybee, Joan L. Language, Usage And Cognition. Cambridge: Cambridge University Press. 2010.

Campbell, George, L. *Compendium of the World's Languages*[M]. New York: Routledge. 2000.

Chao Yuen Ren. *A Grammar of Spoken Chinese* [M]. Berkeley: University of California Press. 1968.

Comrie, Bernard. Ergativity[A]. *Syntactic Typology: Studies in the Phenomenology of Language* [C], edited by W. P. Lehmann. Austin: University of Texas Press. 1978.

Comrie, Bernard. *Language Universals and Linguistic Typology: Syntax and Morphology*[M]. Chicago: University of Chicago Press. 1989.

Comrie, Bernard. The Acquisition of Relative Clauses in Relation to Language Typology[J]. *Studies in Second Language Acquisition*. 2007(36):301-309.

Comrie, Bernard, Stephen Matthews & Polinsky, Maria. The Origin and Development of Languages throughout the World[A]. In *The Atlas of Languages*[C], edited by Comrie, Bernard & R. M. W. Dixon. New York: Academic Press. 2003.

Croft, William. *Typology and Universals*[M]. Cambridge: Cambridge University

Press. 1990/2003.

Croft, William. *Syntactic Categories and Grammatical Relations: The Cognitive Organization of Information* [M]. Chicago: University of Chicago Press. 1991.

Croft, William. *Explaining Language Change: An Evolutionary Approach* [M]. London: Longman Publishing House. 2000.

Croft, William. *Radical Construction Grammar: Syntactic Theory In Typological Perspective* [M]. Oxford: Oxford University Press. 2001.

Dik, Simon. *Functional Grammar* [M]. Dordrecht: Foris. 1981.

Dik Simon. *The Theory Of Functional Grammar. part 1: The Structure Of The Clause* [M] (2nd revised edition), ed. Kees Hengeveld. Berlin: Mouton de Gruyter. 1997.

Dixon, R. M. W. Ergativity[J]. *Language.* 1979(5):59-138.

Dixon, R. M. W. *Ergativity* [M]. Cambridge: Cambridge University Press. 1994.

Dressler, W. Notes on Textual Typology[J]. *Wiener Linguistische Gazette.* 1981 (25):1-11.

Dryer, Matthew S. Large Linguistic Areas and Language Sampling[J]. *Studies in Language.* 1989(3): 257-292.

Dryer, Matthew S. SVO Languages and the OV: VO Typology[J]. *Language.* 1991(2):443-82.

Dryer, Matthew S. The Greenbergian Word Order Correlations[J]. *Language.* 1992(4):143-80.

Dryer, Matthew S. 2005. Order of Subject, Object and Verb[A]. In *the World Atlas of Language Structures* [C], edited by Martin Haspelmath, Matthew S. Dryer, David Gil & Bernard Comrie. Oxford: Oxford University Press.

Dryer, Matthew S. and Orin D. Gensler. Order of Object, Oblique and Verb[A]. In *the World Atlas of Language Structures* [C], edited by Martin Haspelmath, Matthew S. Dryer, David Gil & Bernard Comrie. Oxford: Oxford University Press. 2005.

Fellbaum, C. *On the Middle Construction in English* [M]. Bloomington: Indiana University. 1986.

Givón, Talmy. *Syntax: A Functional-Typological Introduction* [M]. Vol. (1). Amsterdam: John Benjamins Publishing Company. 1990.

Goldberg, Adele E. *Construction: A Construction Grammar Approach to Argument Structure* [M]. Chicago: Chicago University Press. 1995.

Goldberg, Adele E. *Constructions at Work: the Nature of Generalization in*

Language[M]. Oxford: Oxford University Press. 2006.

Greenberg, J. H. Some Universals of Grammar With Particular Reference to the Order of Meaningful Elements[A]. In *Universals of Language*[C], edited by J. H. Greenberg(2nd). Massachusetts: MIT Press. 1966.

Haiman, John. Connective Particles in Hua: An Essay on the Parts of Speech. Oceanic Linguistics: 1977(16):53-107.

Halliday, M. A. K. Systemic Theory[A]. *The Encyclopedia of Language and Linguistics*[C]. Oxford: Pergamon. 1993.

Hartmann, R. R. K. & F. C. Stork. *Dictionary of Language and Linguistics*[D]. London: Applied Science Publishers. 1972.

Hawkins, John, A. *Word Order Universal*[M]. New York: Academic Press. 1983.

Hawkins, John A. *A Performance Theory of Order and Constituency*[M]. Cambridge: Cambridge University Press. 1994.

Hawkins, John, A. Acquisition of Relative Clauses in Relation to Language Universals[J]. *Studies in Second Language Acquisition*. 2007(2):337-344.

Hopper, P. J. & S. A. Thompson. Transitivity in Grammar and Discourse[J]. *Language*. 1980(6):251-299.

Humboldt, W. von. über das Entstehen der grammatischen Formen, und thren Einfluss auf die Ideeentwicklung, *Abbandlungen der bist hist. pbil. Klasse* (Köngliche Akademie der Wissenschaften: Berlin). 1825.

Keenan, Edward, L. & Bernard, Comrie. Noun Phrase Accessibility and Universal Grammar[J]. *Linguistic Inquiry*. 1977(5):63-99.

Keenan, Edward, L. Relative Clauses[A]. In *Language Typology and Linguistic Description: Complex Constructions*[C], Vol. II, edited by Shopen, T. Cambridge: Cambridge University Press. 1985.

Klein, Dan & Christopher D. Manning. *Accurate Unlexicalised Parsing*[R]. In Proceedings of ACL. 2003.

Keyser, Samuel. Jay. & Thomas Roeper. On the Middle and Ergative Constructions in English. *Linguistic Inquiry*. 1984 (3):381-416.

Kratzer, Angelika. Stage-level and Individual-level Predicates[A]. In *the Generic Book*[C], edited by Carlson, Gregory & Francis Pelletier. Chicago: The University of Chicago Press. 1995.

Langacker, Ronald W. *An Introduction to Cognitive Grammar*[M]. New York: Lawrence Erlbaum Associates. 1986.

Langacker, Ronald W. *Foundations of Cognitive Grammar: Descriptive Application*[M]. California: Stanford University Press. 1991.

Lehmann, Christian. Word Order Change by Grammaticalization[A]. In *Internal and External Factors in Syntactic Change*[C], edited by Manuel Gerzitsen & Dieter Stein. Berlin: Mouton de Gruyter. 1992.

Lehmann, Winfred. A Structural Principle of Language and Its Implications[J]. *Language*. 1973(4):47-66.

Levin, B. & M. Rappaport. *Unaccusativity: At the Syntax-Lexical Semantics Interface*[M]. Cambridge Mass: MIT Press. 1995.

Li, C. N. and S. A. Thompson. Historical change of word order: A case study in Chinese and its implications[A]J. M. Anderson & C. Jones. Historical linguistics[C] Amsterdam: NorthHolland. 1974:199-217.

Li, C. N. and S. A. Thompson. The semantic function of word order in Chinese [A]. C. N. Li, Word order and word order change[C] Austin: University of Texas Press. 1975:163-195.

Light, T. Word Order and Word Order Change in Mandarin Chinese[J]. *Journal of Chinese Linguistics*. 1979(7):149-180.

Mallinson, Graham & Blake, Barry, J. Agent and Patient Marking[A]. In Language Typology: Cross-linguistic Studies in Syntax[C], edited by Nichols, J. & Pam Peters. Amsterdam: North-Holland Publishing Company. 1981.

Massam, D. Null Objects and The Non-Thematic Subject[J]. *Journal of Linguistics*. 1992(3):35-79.

Maxwell, D, N. Strategies of Relativization and NP Accessibility[J]. *Language*. 1979(2):352-371.

Ruiz de Mendoza, I. F. J. & J. L. Otal. *Metonymy, Grammar and Communication* [M]. Granda: Comares. 2002.

Ruiz de Mendoza, I. F. J. & Pérez, Hernández, L. Metonymy and the Grammar: Motivation, Constraints and Interaction[J]. *Language and Communication*. 2001.

Milsark, G. L. *Existential Sentences in English* [M]. New York and London: Garland Publishing Inc. 1979.

Moravcsik, E. A. Review of M. Shibatani and T. Bynon(eds): Approaches to Language Typology[J]. *Linguistics typology*. 1997(1):103-122.

Nichols, J. Head-marking And Dependent-marking Grammar[J]. *Language*. 1986 (4):56-119.

Nichols, J. *Linguistic Diversity in Space and Time*[M]. Chicago: University of Chicago Press. 1992.

Panther Klaus-Uwe & Linda Thornburg. 1999. The Potentiality for Actuality Metonymy in English and Hungarian [A]. In *Metonymy in Thought and Language*[C], edited by Klaus-Uwe Panther & Günter Radden(eds.). Amsterdam:

John Benjamins Publishing Company.

Panther, K-U & Linda Thornburg. On the nature of conceptual metonymy[A]. In Panther, K-U & Linda Thornburg(eds.). Metonymy and Pragmatic Inferencing [C]. Amsterdam/Philadelphia: John Benjamins Publishing Company. 2003: 1-20.

Perlmutter, D. Impersonal Passive and Unaccusative Hypothesis[J]. *Journal of Berkeley Linguistic Society*. 1978(4):23-56.

Quirk, R., Greenbaum, S., Leech, G. N., & Svartvik, J. *A Grammar of Contemporary English*[M]. London: Longman University Press. 1972.

Radford, A. *Transformational Grammar: A First Course*[M]. Cambridge: Cambridge University Press. 1988.

Richards J. Platt & H. Weber. *Longman Dictionary of Applied Linguistics*[D]. New York: Longman Press. 1985.

Rosch, E. Universals and cultural specifics in human categorization [A]. In *Cross-cultural Perspectives on Learning* [C], edited by Brislin, R. S. & Bochner, W. Lonner. New York: Halstead Press. 1975.

Ruhlen, M. *A Guide to the World's Languages*[M]. California: Stanford University Press. 1987.

Sapir, Edward. *Language: An Introduction to the Study of Speech* [M]. New York: Harcourt Brace. 1921.

Siewierska, Anna. *Word Order Rulers*[M]. London: Groom Helm. 1988.

Siewierska, Anna. *Case, Typology and Grammar*[M]. Amsterdam: John Benjamins Publishing Company. 1996.

Silverstein, Michael. Hierarchy of Features and Ergativity[A]. In *Grammatical Categories in Australian Languages* [C], edited by R. M. W. Dixon. New Jersey: Humanities Press. 1976.

Sinclair, J. Corpus, concordance, collocation. Oxford: Oxford University Press. 1991.

Song Jae Jung. *Linguistic Typology: Morphology and Syntax* [M]. London: Pearson Education Limited. 2001.

Song Jae Jung. The Oxford Handbook of Linguistic Typology. Oxford: Oxford University Press. 2010.

Steele, S. Review of M. Shibatani and T. Bynon(eds.): Approaches to Language Typology[J]. *Language*. 1997(5):385-387.

Taylor, J. *Ten Lectures on Applied Cognitive Linguistics*[M]. Beijing: Foreign Language Teaching and Research Press. 2007.

Thompson, G. Introducing Functional Grammar (2nd edition) [M]. London: Arnold. 2004.

Thompson, G. & R. G. Ramos. Ergativity in the Analysis of Business Texts[A]. In *the Direct Working Papers*[C], edited by Dixon, R. M. W. Sao Paulo: Catholic University of Sao Paulo. 1994.

Tomlin, R. *Basic Word Order: Functional Principles*[M]. New York: Oxford University Press. 1986.

Tomlin, R. *Basic Word Order: Functional Principles*[M]. New York: Oxford University Press. 2001/2010.

Traugott, E. C. & G. Trousdale. *Constructionalization and Constructional Changes*[M]. Oxford: Oxford University Press. 2013.

Van Valin, R. D. Semantic Parameters of Split Intransitivity[J]. *Language*. 1990(5):12-31.

Vennemann, T. Theoretical Word Order Studies: Results and Problems[J]. *Papers on Linguistics*. 1974(7):5-25.

Whaley, Lindsay, J. *Introduction to Typology: the Unity and Diversity of Language*[M]. Sage Publications Inc. 1997.

Ziegeler, D. A Word of Caution on Coercion[J]. *Journal of Pragmatics*. 2007(4): 990-1028.

蔡维天,生成语法理论系列演讲[R],北京大学汉语语言学研究中心,2005。

储泽祥,汉语空间短语研究[M],北京:北京大学出版社,2010。

丁加勇,容纳句的数量关系、句法特征及认知解释[J],汉语学报,2006(1)。

樊长荣,"有"字引介数量名主语的理据[J],语言研究,2008(3)。

高顺全,三个平面的语法研究[M],上海:学林出版社,2004。

顾阳,关于存现结构的理论探讨[J],现代外语,1997(3)。

顾阳,双宾语结构[A],共性与个性:汉语语言学中的争议[C],北京:北京语言文化大学出版社,1999。

胡增益,鄂伦春语研究[M],北京:民族出版社,2001。

黄正德,汉语动词的题元结构与其句法表现[J],语言科学,2007(4)。

金立鑫,于秀金,从与OV-VO相关和不相关参项考察普通话的语序类型[J],外国语,2012(2)。

刘丹青,语序类型学与介词理论[M],北京:商务印书馆,2003。

刘丹青,汉语关系从句标记类型初探[J],中国语文,2005(1)。

刘丹青,语言库藏类型学构想[J],当代语言学,2011(4)。

刘丹青,唐正大,名词性短语的类型学研究[M],北京:商务印书馆,2012。

刘晓林,特殊句式作格化的强弱及其类型学意义[J],外国语,2008(4)。

陆丙甫,定语的外延性、内涵性、称谓性及其顺序[A],语法研究和探索(四)[C],北京:北京大学出版社,1988。

陆丙甫,"的"的基本功能和派生功能:从描写性到区别性再到指称性[J],世界汉语教学,2003(1)。

陆丙甫,语序优势的认知解释:论可别度对语序的普遍影响[J],当代语言学,2005(1)。

陆丙甫,论形式和功能的统一是语法分析的根本基础——兼谈转换语法的一些发展[J],外国语,2006(3)。

吕叔湘,现代汉语八百词[M],北京:商务印书馆,1980。

吕叔湘,汉语语法论文集[C],北京:商务印书馆,1984。

马庆株,多重定名结构中形容词的类别和次序[J],中国语文,1995(5)。

潘海华,词汇映射理论及其在汉语研究中的应用[J],现代外语,1997(4)。

屈承熹,汉语认知功能语法[M],哈尔滨:黑龙江人民出版社,2005。

沈家煊,不对称和标记论[M],南昌:江西教育出版社,1999。

隋娜,王广成,汉语存现句中动词的非宾格性[J],现代外语,2009(3)。

唐玉柱,存现句中的 there[J],现代外语,2002(1)。

唐正大,从独立动词到话题标记——"起来"语法化模式的理据性[A],沈家煊主编,语法化与语法研究(二)[C],北京:商务印书馆,2005。

唐正大,关系化对象与关系从句的位置——基于真实语料和类型分析[J],当代语言学,2007(2)。

唐正大,汉语主句现象进入关系从句初探[A],语法研究和探索(十四)》[C],北京:商务印书馆,2008。

王春辉,也论条件小句是话题[J],当代语言学,2012(2)。

席建国,话语后置的认知基础及其功能分析[J],语言教学与研究,2008(6)。

席建国,英汉语用标记语:意义和功能认知研究[M],杭州:浙江大学出版社,2009。

席建国,作格结构的认知语义探析[J],外语教学,2010(3)。

席建国,汉语 $SV_{i+了}O$ 句式分析[J],外语学刊,2012(2)。

席建国,英汉介词研究的类型学视野[M],上海:上海交通大学出版社,2013。

席建国,英语双元/复杂介词的语序及其动因[J],外国语,2014(4)。

席建国,特殊方所分配句的类型学解释[J],外语学刊,2016(待刊)。

席建国,王文斌,Have a N_{Dev}结构之语法转喻功能及构式化特征考察[J],外语研究,2016(1)。

邢福义,汉语语法三百问[M],北京:商务印书馆,2002。

徐盛桓,语义数量特征与英语中动结构[J],外语教学与研究,2002(6)。

徐烈炯,刘丹青,话题的结构与功能[M],上海:上海教育出版社,2007。

许余龙,名词短语的可及性与关系化——一项类型学视野下的英汉对比研究[J],外语教学与研究,2012(5)。

张斌,现代汉语虚词词典[M],北京:商务印书馆,2001。

张伯江,方梅,汉语功能语法研究[M],南昌:江西教育出版社,1996。

张国宪,现代汉语形容词功能与认知研究[M],北京:商务印书馆,2006。

张建理,叶华,汉语双数量词构式研究[J],浙江大学学报(人文社会科学版),2009(3)。

张敏,认知语言学与汉语名词短语》[M],北京:中国社会科学出版社,1998。

章振邦,新编英语语法[M],上海:上海译文出版社,1995。

赵霞,作格结构及其概念框架分析[J],外语与外语教学,2006(6)。

朱德熙,语法讲义[M],北京:商务印书馆,1982。

朱德熙,语法答问[M],北京:商务印书馆,1985。

祝德勤,英语介词(修订本)[M],北京:商务印书馆,2006。

后　　记

　　生活中，时而有朋友问我，你为何跑广州去了？时而也有人问我，你到底算哪里人？你这样东跑西颠，不累吗？是啊，算上广州，我已经在中国四个地域文化及方言迥然不同的城市，辗转学习、工作、生活过。时间如梭，斗转星移。我即将在广州这座既熟悉又陌生的城市，生活、工作满两年。我还经常想起许多从前在不同城市经历的一些往事，有些依然历历在目。其中，遇到的多是欢乐之人和事，但也有些许伤感和留恋之处。想来，这些也可算作自己人生中的一种历练和感悟吧。

　　我现在的家，是临时的，位于景色宜人的麓湖边上。这里的一年似乎不分四季，常年绿树成荫，各种花树竞相盛开。最难能可贵的是，周围的空气还算清新，阳光每每也很灿烂。没课时，一个人沏上一壶茶，一边品味，一边坐在书桌前看看书，写点文字什么的，时常还能听到窗外不知名的鸟儿几声欢快的叫声。虽然有点儿忙，但是心情还算轻松、愉悦。这本书的大部分内容就是在这样的优美环境中，慢悠悠地撰写，最后完稿的。

　　作为一个新广州人，有许多事情需要考虑，需要计划，而且还有困难需要面对。自己也一直想着每个星期除了有几天去大学城上课外，其他还应该做些自己感兴趣的事情，这样自己就不会感到太忘乎所以。作为一名大学英语老师，除了上课以及和学生打交道外，其余时间都是自己的，有空读些英汉语言学方面的书，也算作一点儿成就。这基本就是我现在的整个工作和生活，中规中矩，平淡无奇，但同时也多感到快乐和自足。

　　2015年一转眼很快过去了，2016年又在不知不觉中到来。此时，我特别想说几句话，来表达我对远在家乡父母的思念和感恩之情：谨以此书为礼物，献给我平凡而伟大的父母，感谢你们的养育之恩和长期对我的殷切期望。同时，我还要将此书作为礼物，献给这些年来一直关注、帮助我学业成长的各位语言学前辈们、同行好友们。谢谢你们：My dear friends, I have nothing fansinating and impressive to offer you or share with you, but a little amount of my understanding of linguistic typlogy about English-Chinese language.

  在此，还要感谢北京大学出版社的黄瑞明编辑和刘虹编辑，感谢她们为本书的出版，付出的辛勤努力。

席建国 于广州
2015.12